U0527286

CHENGNIAN JIANHU ZHIDU
CAOZUO LIUCHENG ZHIYIN

成年监护制度
操作流程指引

李 欣　罗宇驰◎著

法律出版社
LAW PRESS·CHINA
北京

图书在版编目（CIP）数据

成年监护制度操作流程指引 / 李欣，罗宇驰著. 北京：法律出版社，2025. -- ISBN 978-7-5244-0357-9

Ⅰ.D923.04

中国国家版本馆 CIP 数据核字第 2025631WR8 号

| 成年监护制度操作流程指引
CHENGNIAN JIANHU ZHIDU
CAOZUO LIUCHENG ZHIYIN | 李 欣 罗宇驰 著 | 策划编辑 董 昱
责任编辑 董 昱
装帧设计 鲍龙卉 |

出版发行　法律出版社　　　　　　开本　850 毫米×1168 毫米　1/32
编辑统筹　法规出版分社　　　　　　印张　3.375　　字数　60 千
责任校对　张红蕊　　　　　　　　　版本　2025 年 6 月第 1 版
责任印制　耿润瑜　　　　　　　　　印次　2025 年 6 月第 1 次印刷
经　　销　新华书店　　　　　　　　印刷　北京中科印刷有限公司

地址：北京市丰台区莲花池西里 7 号（100073）
网址：www.lawpress.com.cn　　　　销售电话：010-83938349
投稿邮箱：info@lawpress.com.cn　　客服电话：010-83938350
举报盗版邮箱：jbwq@lawpress.com.cn　咨询电话：010-63939796
版权所有・侵权必究

书号：ISBN 978-7-5244-0357-9　　　定价：20.00 元
凡购买本社图书，如有印装错误，我社负责退换。电话：010-83938349

指引编写作者

李　欣　江南大学法学院副教授，法学博士后
罗宇驰　上海市嘉定区人民法院法官助理，吉林大学法学院家事司法研究中心兼职研究员

指引编写召集人

李　恒　江苏省无锡市民政局党委委员、副局长
邓清泉　国联信托副总经理

指引编写顾问

李　霞　国际家庭法协会副主席，法学教授，法学博士
李辰阳　上海市普陀公证处公证员，中国公证协会培训委员会副主任委员

前　言

成年监护制度潜在利用者主要为老龄群体、精神障碍者、智力障碍者。从第七次全国人口普查数据来看，截至2020年11月1日零时，我国60周岁及以上老龄人口数量为26402万（不含港澳台地区）。截至2021年底，在册重型精神障碍者人口数量约为660万。人口基数的绝对数字意味着监护实务中将不断涌现大量疑难、新型复杂问题，然《中华人民共和国民法典》等法律法规仍较为原则，制度供应与群众需求之间存在巨大落差。有鉴于此，江苏省无锡市民政局委托笔者对成年监护制度进行全流程操作指引研究，以图缓解"供需"矛盾，在实务中提供合理合法兼具可行性的操作方案。

成年监护制度操作流程指引

　　本指引的写作方针是不违反现行法律法规及监护法学原理、尊重制度利用者人格。与试图移植比较法的尝试不同，本指引主要内容是从具体司法实践探索经验、调研经验归纳而来，具体条款试图回答的问题是四年时间里当事人、村居委、民政部门及业界同仁向笔者提出的现实困惑，给出的部分方案也是在四年时间里运用并检验过的方案。成年监护法领域的现实困惑并不存在绝对解法，本指引尝试给出的是一套可以运用于当前实务的可行性解法。

　　从我国成年监护法体系来看，民政部门具有资格赋予职权、指定监护职权、临时监护职责、兜底监护职责、监护监督职权，《中华人民共和国民法典》第二十九条、第三十三条亦未排除民政部门，故而民政部门具有贯穿监护准备、启动、履行、监督、结束全流程环节的制度优势，其他主体均不具备该项优势。故为提供全面的可行性解法，本指引是以民政部门视角展开的。第二章、第四章的开头部分会特别提示该章节所称指引使用人的限定范围，还请务必注意。但是基于民政部门视角展开的本指引只是研究者的民间方案，并不具有官方规范的色彩及效力，使用者应当注意。

前　言

这套可行性的民间方案只为欠缺解题思路的人群提供一种可能及参考，使用者可以有选择地适用本指引内容，也可以将本指引作为学术批判的对象。受限于学识与经验，本指引自然存在不足，还望有识师友赐教，将来版本更新及内容完善有赖于更多的问题与更多的解法思路。还请您将困惑或者批评意见发送至 guardianshipresearch@gmail.com。

【使用说明】

（1）鉴于本指引主要使用者为非专业研究者，故为便于理解，本指引正文中制度利用者、行为能力认定程序的被申请人、监护权纠纷案件的被监护人均统称为"被监护人"，不做严格区分。

（2）本指引内容中"应当""建议""可以"语句效力不同："应当"语句是直接来源于法律规定或者基于法律规定的解释，使用者若无其他原因"应当"参照适用；"建议"语句是针对无直接法律规定，但来源于成年监护法学通说观点或者试图防范可预期的法律风险，而向使用者提出的"建议"方案；"可以"语句是对于使用者处理的监护事务性事项提供一种规范化的"可以"参考适用的方案。请使用者予以甄别。

（3）为便于使用，本指引中以斜体字标识的文书，是为了提醒读者可直接参照适用本指引的附录一"文书范本"。

李　欣　罗宇驰

目　录

第一章　监护的准备　　　　　　　　　　　　　001
 1. 作为意定监护协议受托人　　　　　　　001
  1.1【适用情景】　　　　　　　　　　　001
  1.2【监护协议成立特殊要件的查明】　　001
  1.3【监护协议档案】　　　　　　　　　001
  1.4【监护协议档案内容】　　　　　　　002
  1.5【风险告知】　　　　　　　　　　　002
  1.6【委托人基本信息表内容】　　　　　002
  1.7【行为能力的查明】　　　　　　　　002
  1.8【协议内容协商】　　　　　　　　　003
  1.9【协商会议形式要求】　　　　　　　003
  1.10【协商会议内容要求】　　　　　　003

1.11【协商会议笔录】　　　　　　　　　　　　　　004

1.12【协议签字流程】　　　　　　　　　　　　　　004

1.12.1【伦理风险提示】　　　　　　　　　　　　　004

1.13【备案及披露】　　　　　　　　　　　　　　　004

1.14【不适合担任协议监督人的情况】　　　　　　　005

1.15【协议委托程序终止情况】　　　　　　　　　　005

1.16【委托人撤销委托的应对】　　　　　　　　　　005

1.17【意定监护协议的生效时间】　　　　　　　　　005

2. 作为遗嘱指定监护受托人　　　　　　　　　　　　006

2.1【适用情景】　　　　　　　　　　　　　　　　　006

2.1.1【术语定义】　　　　　　　　　　　　　　　　006

2.2【强制查明判决书】　　　　　　　　　　　　　　006

2.3【不适合接受委托的情况】　　　　　　　　　　　006

2.4【不得约定之内容】　　　　　　　　　　　　　　006

2.5【成立、生效时间】　　　　　　　　　　　　　　007

2.5.1【生效时间的特殊约定】　　　　　　　　　　　007

2.6【委托协议不成立】　　　　　　　　　　　　　　007

2.7【指定监护遗嘱的形式】　　　　　　　　　　　　007

2.8【委托业务档案】　　　　　　　　　　　　　　　007

第二章　监护的启动　　　　　　　　　　　　　　　009

3. 履行资格赋予职能　　　　　　　　　　　　　　　009

目　录

  3.1【适用情景及本节指引使用人的限定范围】　　009
  3.1.1【术语定义】　　009
  3.2【监护候选人的条件】　　009
  3.3【程序代理人的条件】　　010
  3.4【必要查明程序】　　010
  3.5【拒绝赋予资格的后续流程】　　010
4. 履行程序代理职责　　011
  4.1【适用情景及本节指引使用人的限定范围】　　011
  4.2【必要查明流程】　　011
  4.3【应当履行代理职责的情况】　　012
  4.4【履行代理措施的庭前准备】　　012
  4.5【对行为能力认定的代理人意见范围】　　012
  4.5.1【对司法鉴定意见的代理人意见】　　012
  4.5.2【对监护人人选的代理人意见】　　013
  4.6【出庭发表代理人意见的材料】　　013
  4.7【书面发表代理人意见的材料】　　013
  4.8【协助被监护人发表意见】　　013
5. 履行指定监护职能　　014
  5.1【适用情景及本节指引使用人的限定范围】　　014
  5.2【必要审查流程】　　014
  5.2.1【应当受理的情况】　　014
  5.2.2【可以出具监护证明的情况】　　014

5.3 【申请材料范围】　　　　　　　　　　　015

5.4 【被监护人关于监护人人选真实意愿的查明
　　 步骤】　　　　　　　　　　　　　　015

5.5 【候选人违反最有利于被监护人原则的应对
　　 方式】　　　　　　　　　　　　　　015

5.6 【不得指定共同监护的情况】　　　　　017

5.6.1 【监护僵局的定义】　　　　　　　　017

5.7 【近亲属互相推诿不担任监护人的应对方式】　017

5.8 【近亲属互相推诿不担任监护人的告诫内容】　017

5.9 【争夺监护权的应对方式】　　　　　　018

5.9.1 【争夺监护权的协商会议内容】　　　018

5.10 【最有利于被监护人原则的量化评价标准】　018

5.11 【指定监护人的形式】　　　　　　　　019

6. 履行公职监护职能　　　　　　　　　　　019

6.1 【适用情景及本节指引使用人的限定范围】　019

6.2 【提起申请的条件】　　　　　　　　　020

6.3 【提起申请的准备】　　　　　　　　　020

6.4 【流程概要】　　　　　　　　　　　　020

6.5 【申请材料范围】　　　　　　　　　　020

6.6 【司法鉴定提示事项】　　　　　　　　021

6.7 【行为能力认定申请书的必要内容】　　021

6.7.1 【行为能力认定程序与监护人指定程序的关系】 022

6.8 【立案后的流程】 022

6.9 【法院指定监护人的形式、监护开始时间】 022

第三章 监护的履行 023

7. 调查情况及接管财产 023

7.1 【适用情景】 023

7.2 【对被监护人人身情况的调查】 023

7.3 【对被监护人财产情况的调查】 024

7.4 【就任调查与监护监督的衔接】 024

7.5 【一览表的作用】 024

7.6 【调查与接管财产的衔接】 024

7.7 【接管财产的措施】 025

7.8 【被监护人自行保管财产的特别记录】 025

7.9 【设置单独银行账号】 025

7.10 【一览表填写规范】 025

7.11 【有争议部分另行备注】 026

7.12 【调查亲属情况】 026

7.13 【履职时间】 026

7.14 【监护档案】 026

8. 法定代理及安全保障 027

8.1【适用情景】　　　　　　　　　　　　　　027

　　8.2【基本方针】　　　　　　　　　　　　　　027

　　8.3【被监护人对于监护事务真实意愿的查明
　　　　步骤】　　　　　　　　　　　　　　　　027

　　8.4【不构成真实意愿的情况】　　　　　　　027

　　8.5【真实意愿前后不一致的应对方法】　　　028

　　8.6【可以不尊重真实意愿的例外情况】　　　028

　　8.7【代理诉讼】　　　　　　　　　　　　　028

　　8.8【提前解释说明义务】　　　　　　　　　028

　　8.9【安全保障职责】　　　　　　　　　　　029

　　8.10【风险规划】　　　　　　　　　　　　029

9. 人身照管　　　　　　　　　　　　　　　　　029

　　9.1【适用情景】　　　　　　　　　　　　　029

　　9.2【基本方针】　　　　　　　　　　　　　029

　　9.3【可以变更被监护人居住条件的例外情况】029

　　9.4【尊重被监护人预先医疗规划】　　　　　030

　　9.5【定期体检】　　　　　　　　　　　　　030

　　9.6【禁止违规用药】　　　　　　　　　　　030

　　9.7【保障被监护人人身自由】　　　　　　　030

　　9.8【社交需求的认定】　　　　　　　　　　031

　　9.9【不当探访行为的认定】　　　　　　　　031

　　9.10【无需配合真实意愿的情况】　　　　　031

9.11 【监护与照顾的衔接】 032

9.12 【人身照管费用的承担】 032

10. 财产管理 032

10.1 【基本方针】 032

10.2 【被监护人无财产或财产不足的应对方法】 032

10.2.1 【禁止列支监护报酬的情况】 032

10.3 【禁止处分的范围】 033

10.4 【禁止列支的范围】 033

10.5 【禁止挥霍】 033

10.6 【禁止放弃利益】 034

11. 第三人保管财产 034

11.1 【适用情景】 034

11.1.1 【提存公证】 034

11.2 【财产的分离保管】 034

11.2.1 【第三人保管财产部分的用途】 035

11.3 【禁止自行处分及例外】 035

11.4 【监护支出】 035

11.5 【第三人保管财产与监护人就任调查的衔接】 035

11.6 【请款流程】 035

11.6.1 【分离保管模式下的请款流程】 036

11.7 【可以拒绝移交财产的情况】 036

12. 临时监护及临时生活照料 037

12.1 【适用情景及本节指引使用人的限定范围】 037

12.2 【临时监护与指定监护程序的衔接】 037

12.2.1 【指引使用人与法院的交流机制建议】 038

12.3 【临时监护必要性的认定标准】 038

12.4 【启动临时监护的流程】 038

12.5 【临时监护主体分工】 038

12.6 【临时监护职责】 039

12.7 【临时监护下高风险措施】 039

12.8 【必要生活措施的内容】 039

12.9 【费用负担及主张】 039

13. 填写及报告监护台账 039

13.1 【适用情景】 039

13.2 【台账的作用】 039

13.3 【台账与一览表的衔接】 040

13.4 【台账分项的勾选说明】 040

13.5 【入库的说明】 040

13.6 【支出项来源的说明】 040

13.7 【台账填写规范】 040

13.8 【台账的送达】 041

13.9 【不构成有效填报的情况】 041

13.10 【监督人拒绝接收的应对方法】 041

第四章　监护的监督　042

14. 监护监督通知　042
14.1【适用情景及本节指引使用人的限定范围】　042
14.2【监督职责开始时间】　042
14.2.1【送达监督通知的形式】　043
14.3【监督措施的种类】　043
14.4【监督措施无效的情况】　043
14.5【监护通知与监护措施的衔接】　043
14.6【监督档案的内容】　045

15. 定期探访被监护人　045
15.1【适用情景】　045
15.2【推诿监护职责与定期探访的衔接】　045
15.3【定期探访的频次】　045
15.4【民政村居委探访的流程】　045
15.4.1【其他监督人探访的流程及要求】　046
15.5【定期探访的查明内容】　046
15.6【住院治疗时特殊查明内容】　046
15.7【探访结果的应对方式】　046

16. 收取并核对监护人履职报告　047
16.1【适用情景】　047
16.2【书面履职报告的基本要求】　047
16.3【未按要求报告的应对方式及法律后果】　047

16.4 【核对报告及提出异议】 047

16.5 【台账审核规范】 048

16.6 【一览表审核规范】 048

16.7 【书面履职报告审查频次】 048

17. 敦促监护人改正不当行为 049

17.1 【适用情景】 049

17.2 【不当履职行为的定义及类型】 049

17.3 【瑕疵履职行为的定义及类型】 049

17.4 【不当履职行为的应对方式】 050

17.5 【瑕疵履职行为的应对方式】 050

17.6 【限制人身自由的特殊应对】 050

17.7 【不当、瑕疵履职行为与申请撤销监护人资格的衔接】 050

18. 提起申请撤销监护人资格程序 051

18.1 【适用情景及本节指引使用人的限定范围】 051

18.2 【应当申请撤销监护人资格的情况】 051

18.3 【证据固定规范】 052

18.4 【其他人员向民政部门、村居委提供线索】 052

18.5 【撤销监护人资格申请书的内容】 052

第五章 监护的结束 053

19. 完成监护资产清算并移交资产 053

目　录

19.1【适用情景】　　　　　　　　　　　　　　　053
19.2【被监护人死亡的应对流程】　　　　　　　053
19.3【被监护人恢复行为能力的应对流程】　　054
19.4【变更监护人的应对流程】　　　　　　　　055
19.5【封存档案规范】　　　　　　　　　　　　056

附录一　文书范本　　　　　　　　　　　　　057

1.《被监护人基本情况表》　　　　　　　　　　057
2.《订立意定监护协议风险告知书》　　　　　　059
3.《意定监护协议订立披露书》　　　　　　　　061
4.《意定监护协议解除告知函》　　　　　　　　062
5.《遗嘱指定监护风险告知书》　　　　　　　　063
6.《指定监护人的自书遗嘱》　　　　　　　　　065
7.1《资格赋予同意书（赋予监护资格）》　　　066
7.2《资格赋予同意书（赋予代理人资格）》　　067
8.《监护证明》　　　　　　　　　　　　　　　068
9.《被监护人人身及财产情况一览表》　　　　　069
10.《财产移交确认单》　　　　　　　　　　　　070
11.《监护台账》　　　　　　　　　　　　　　　071
12.《临时监护告知书》　　　　　　　　　　　　072
13.《监护监督通知》　　　　　　　　　　　　　073

011

附录二　思维导图 ... 077
　图1　成年监护制度全流程示意图 ... 077
　图2　监护的准备 ... 078
　图3　监护的启动 ... 078
　图4　监护的履行 ... 078
　图5　监护的监督 ... 078
　图6　监护的结束 ... 078

附录三　监护常见疑难问题二十问 ... 079
　1. 问：意定监护人是干什么的？可以随便找个人来当吗？ ... 079
　2. 问：我想让亲生子女当意定监护人，法律允许吗？ ... 080
　3. 问：如果我想要签意定监护协议，只能和个人签吗？ ... 080
　4. 问：可以代理他人去设立意定监护吗？ ... 081
　5. 问：签完意定监护协议后，我还有机会换人吗？ ... 081
　6. 问：找了人当我将来的意定监护人，需要给监护人发工资吗？ ... 082
　7. 问：残疾证上写的"联系人"就是"监护人"吗？ ... 082

目　录

8. 问：医院诊断说我的成年子女/配偶是精神病人，那么我就是他/她的监护人吗？　082

9. 问：现在我姐年纪大了，把她儿子托付给我了。作为舅舅，我可以直接当外甥的监护人吗？　083

10. 问：我不是精神病人的亲戚，只是他/她住所地村居委、民政部门工作人员/本来打算和他/她签合同的人/打官司中的对方当事人，可以向法院申请认定他/她的行为能力吗？　084

11. 问：如果我想申请认定某人是非完全民事行为能力人，我需要向哪家机关提出申请呢？　084

12. 问：提起行为能力认定程序，需要交什么材料、交多少诉讼费呢？　084

13. 问：提起行为能力认定程序的时候可以同时申请法院指定监护人吗？　085

14. 问：如果我向法院申请要当监护人，可以不提供其他亲戚的联系方式来实现目的吗？　086

15. 问：村民委员会、居民委员会可以出具《监护证明》吗？　086

16. 问：我的监护顺位在前，那么就一定是由我来当监护人吗？　086

17. 问：如果我没当上父母/子女的监护人，是不

是他/她的事情就全部由监护人负责，完全和
我无关了？ 087

18. 问：我当监护人了，但是与其他亲友有矛盾，
我可以禁止亲友来探望被监护人吗？ 087

19. 问：和我有矛盾的亲戚当了监护人，他/她把
钱偷偷转走或者随便乱花了，最后影响到我的
继承利益怎么办？ 088

20. 问：由谁来当监督人呢，我找不到人来当怎么
办？ 089

第一章 监护的准备

1. 作为意定监护协议受托人

1.1【适用情景】 具有完全民事行为能力的成年人委托指引使用人作为其将来监护人,指引使用人接受委托并订立书面协议。若意定监护协议中约定将来监护对象并非委托人本人,则不适用本节内容。

1.2【监护协议成立特殊要件的查明】 指引使用人应当检查地方性法规对于意定监护协议成立要件是否存在特殊规定。

1.3【监护协议档案】 为避免法律风险,指引使用人可以为受委托个案设立单独档案,保管意定监护协议订立过程中产生的各项材料。若档案费用需要委托人负担,建议在委托咨询开始时即明确告知委托人。

1.4【监护协议档案内容】意定监护协议档案可以包括如下内容：委托人基本信息、《订立意定监护协议风险告知书》、委托人行为能力司法鉴定意见书、意定监护协议内容协商会议笔录及录音录像文件、意定监护协议、意定监护协议备案或披露记录。

1.5【风险告知】建议指引使用人向委托人出示《订立意定监护协议风险告知书》，宣读并解释后请委托人签字确认。

1.6【委托人基本信息表内容】委托人基本信息表可以包括如下内容：姓名、年龄、住所、联系方式、近亲属（配偶、父母、子女、祖父母、外祖父母、成年孙子女、成年外孙子女、成年兄弟姐妹）情况及联系方式、监护类别。签订意定监护协议后，基本信息表可以补充、更新如下内容：疾病信息、财产清单、社会保障卡账号。

1.7【行为能力的查明】指引使用人应当要求委托人接受行为能力司法鉴定，若司法鉴定意见书结论并非"被鉴定人具有完全民事行为能力"，应当告知委托人不满足订立有效意定监护协议的法定条件。若委托人急需监护保护，应当通知其亲属、住所地村居委、民政部门向法院提起申请认定公民为无/限制民事行为能力程序，指引使用人亦可直接向法院提起前述程序（指引使用人系村居委、民政部门时,可依据本指引6之内容提起申请)。

1.8【协议内容协商】委托人提交行为能力司法鉴定意见书后,指引使用人可以与委托人进行意定监护协议内容协商会议,主要明确委托人对于其将来人身、医疗、社会生活、财产等事务的规划,固定委托人对上述事务的处理习惯或价值原则,并制作会议笔录。

1.9【协商会议形式要求】意定监护协议内容协商会议必须由委托人本人参加,全程录音录像。建议录像内容能够全面反映委托人肖像全貌,会议过程中委托人以点头、摇头等动作或者语气词表态的,建议再次询问委托人意思,并要求委托人用"同意""反对""是的""不是"等词语明确回答。委托人系使用手语的听力障碍者的,建议录像内容清晰记录提问人和手语翻译、委托人面部表情及手势。

1.10【协商会议内容要求】在会议过程中可以询问如下问题:是否了解监护的意思;为什么要委托指引使用人担任监护人;是否希望将本次委托告知亲友以及告知对象具体姓名、联系方式;是否需要监督人;近亲属与委托人来往情况;将来希望住在哪里;在什么情况下同意入住养老院或护理院;日常就医看诊的习惯及常去的医院;重大疾病情况是否要通知其他亲友;有无旅行或出游习惯;有无宗教信仰,是否定期参加宗教仪式及其场所;有无与亲友定期聚会的需求;财产管理基本原则;有哪些绝对不同意的财产管理行为；失能后，就医住院、日常饮食开销、娱乐消费等支出需要保持何种水平等。若委托人明确表示预先医疗指示（生前预嘱）内容，笔录中如实记录。

1.11【协商会议笔录】 会议最后应当向委托人出示笔录，要求委托人签字。建议录音录像记录包含签字过程。

1.12【协议签字流程】 内容协商会议结束后，指引使用人根据笔录内容制定意定监护协议草案，在草案形成至少七日后要求委托人审阅意定监护协议草案，并再次询问委托人是否了解监护的含义、为何选择指引使用人担任将来的监护人，根据委托人要求对草案内容予以修订。在委托人未变更委托意思且对草案内容无异议后方可签字，指引使用人应当加盖专用章。合同订立的签字过程建议全程录音录像。

1.12.1【伦理风险提示】 为避免潜在伦理风险，建议人财分离并约定受托人在意定监护协议生效期间定期获得报酬，不建议在缺乏监护监督机制的前提下以"意定监护协议+遗赠扶养协议/遗赠遗嘱"的形式约定受托人获得财产利益。

1.13【备案及披露】 若当地已具备意定监护协议登记备案系统，建议在意定监护协议成立后登记备案，并将备案截图归档保存。若当地尚未建立登记备案系统，可以向委托人住所地村民委员会、居民委员会送达一份《意定监护协议订立披露书》；委托人要求将意定监护委托告知特定对象的，同时向其送达《意定监护协议订立披露书》；建议归档保存披露书及送达回执。

1.14【不适合担任协议监督人的情况】 为避免法律风险，建议在意定监护协议订立过程中引入监督人作为协议丙方，但不建议挑选与指引使用人存在直接业务、指导等利害关系的机关或个人作为监督人。

1.15【协议委托程序终止情况】 自委托人提交行为能力鉴定书之时起至意定监护协议成立（签字或根据地方性法规之规定满足特殊成立要件的）时止，委托人因意外事件、疾病等因素，丧失或部分丧失意思能力，无法继续参与订立过程的，应当终止意定监护协议委托程序，并按照本指引 1.7 之第二句予以处理。

1.16【委托人撤销委托的应对】 委托人订立意定监护协议后，至法院作出行为能力认定判决书之前，均有权要求解除已经成立的意定监护协议。指引使用人应当配合委托人签订解除协议，登记备案的应当尽快变更登记，送达《意定监护协议订立披露书》的应当向披露书接收对象送达《意定监护协议解除告知函》。

1.17【意定监护协议的生效时间】 人民法院判决认定协议委托人系限制民事行为能力人或无民事行为能力人的，意定监护协议生效。为避免潜在法律风险，建议指引使用人参考 6.7.1 之内容，在行为能力认定程序中一并申请指定监护人或另案处理。

2. 作为遗嘱指定监护受托人

2.1【适用情景】 父母作为其成年子女的监护人的，以遗嘱形式委托指引使用人作为将来其子女的监护人，指引使用人接受委托并订立书面协议。

2.1.1【术语定义】 本节所称委托人系指担任其成年子女监护人的父母；父母包括生父母、完成领养手续的养父母、抚养教育继子女的继父母。

2.2【强制查明判决书】 指引使用人应当要求委托人出具法院行为能力认定判决书，出具指定监护证明或指定监护人判决书，并核对委托人是否系监护人、监护人人数。委托人未能提交的，应当按照本指引 1.7 第二句予以处理。

2.3【不适合接受委托的情况】 若检查发现存在两名监护人，为避免法律风险，建议告知两名监护人必须同时委托。若存在复数监护人，其中一人并非被监护人父母的，或复数监护人不同意共同委托的，建议指引使用人拒绝接受委托。

2.4【不得约定之内容】 指引使用人向委托人提供《遗

嘱指定监护风险告知书》后，可以参考本指引 1.10、1.11、1.12、1.12.1 之内容与委托人签署委托协议，约定将来履行监护职责的原则、方针及具体要求，但是禁止以约定的形式为被监护人设定预先医疗指示或生前预嘱、遗体器官捐献材料、遗嘱等具有高度人身属性的法律文件。

2.5【成立、生效时间】 委托协议可以约定以委托人订立指定监护遗嘱的时间为协议成立时间，以该遗嘱生效时间为协议生效时间。

2.5.1【生效时间的特殊约定】 若委托人为父母两人，委托协议生效时间通常为父母两人均死亡后，也可以约定为一名委托人死亡且另一名委托人丧失监护能力后。

2.6【委托协议不成立】 委托协议可以约定委托人订立遗嘱的最晚期限，若委托人未在约定期限内订立遗嘱、向指引使用人提交遗嘱副本并完成其他要求程序（例如公证），协议不成立。在委托协议签订后至委托人死亡前，委托人均有权拒绝订立该遗嘱、实质变更该遗嘱委托对象或废除该遗嘱，此时委托协议无效。

2.7【指定监护遗嘱的形式】 为避免法律风险，建议委托人采取公证遗嘱的形式，然委托人要求通过自书遗嘱、代书遗嘱、打印遗嘱、录音录像遗嘱等形式委托指引使用人作为其子女将来监护人的，指引使用人可以接受。

2.8【委托业务档案】 为避免法律风险，指引使用人可以参考本指引 1.3、1.4、1.6、1.13、1.16 之内容建立遗嘱委托监护个案档案。建议委托协议协商及签署全过程录音录像、制作笔录并归入档案保管。

第二章 监护的启动

3. 履行资格赋予职能

3.1【适用情景及本节指引使用人的限定范围】 监护权纠纷司法案件中申请人欠缺法律上的监护资格,或行为能力认定司法案件中程序代理人欠缺法律资格,上列当事人向指引使用人申请赋予法律资格的,适用本节内容。若行为能力认定司法案件中被监护人有其他近亲属(范围见本指引1.6),则不适用本节内容。本节指引使用人限定为村民委员会、居民委员会、民政部门。

3.1.1【术语定义】本节所称的欠缺法律资格是指申请人并非被监护人的近亲属。

3.2【监护候选人的条件】 申请人满足以下任意一项条

件的，建议指引使用人同意其担任监护候选人：

（1）申请人系依法注册登记的社会监护组织；

（2）被监护人无其他近亲属，申请人是被监护人四代以内其他旁系血亲（伯叔舅姑姨、外甥侄女、堂兄弟姐妹、表兄弟姐妹）；

（3）由申请人实际照顾被监护人，并且被监护人无其他近亲属，或近亲属丧失监护能力，或近亲属对被监护人多年不管不顾，或近亲属常年居住国外。

3.3【程序代理人的条件】满足以下任意一项条件的，建议指引使用人同意其担任程序代理人：

（1）申请人系被监护人原工作单位部门负责人或者原工作单位推荐的同事；

（2）申请人系被监护人的四代以内血亲、近姻亲、朋友，对被监护人基本情况了解。

3.4【必要查明程序】申请人以本指引3.2及3.3为依据提出申请的，指引使用人可以要求申请人提供相应证明材料（本指引3.2：注册登记材料，亲属关系证明，实际照顾的病史材料、相应照片视频。本指引3.3：单位推荐信、与被监护人多张合照等），委派社工服务人员探望被监护人并核实情况。若符合上列条件且材料审核真实，可以出具《资格赋予同意书》。

3.5【拒绝赋予资格的后续流程】若申请人未满足本指

引 3.2、3.3 之要求，建议指引使用人书面答复不同意赋予其相应资格，同时指引使用人应当依照《中华人民共和国民法典》第三十二条、《最高人民法院关于适用〈中华人民共和国民事诉讼法〉的解释》第三百五十条第二款之规定并参考本指引 4、6 之内容履行法定职责。

4. 履行程序代理职责

4.1【适用情景及本节指引使用人的限定范围】认定公民为无/限制民事行为能力两类司法案件中，除申请人之外，被监护人无其他近亲属，同时无其他具备相应法律资格的个人或组织担任代理人的，适用本节内容。本节指引使用人限定为村民委员会、居民委员会、民政部门。

4.2【必要查明流程】当事人向指引使用人申请以代理人身份参与行为能力认定司法案件的，指引使用人可以向被监护人住所地所在村民委员会、居民委员会核实被监护人近亲属情况，或者要求当事人提交被监护人近亲属情况材料。若核实发现被监护人确无其他近亲属，建议指引使用人采取如下措施：

（1）询问是否有符合本指引 3.3 明确的条件且愿意担任代理人的个人或组织，若具备则按照本指引 3 之内容出具《资格赋予同意书》；

（2）若没有前项之情况，或当事人要求村民委员会、居民委员会、指引使用人担任代理人的，可以与村民委员会、居民委员会协商决定担任代理人的具体机关。

4.3【应当履行代理职责的情况】人民法院以出庭通知书或传票的形式通知指引使用人担任代理人的，指引使用人应当履行法定职责。

4.4【履行代理措施的庭前准备】建议指引使用人接受当事人申请或接收人民法院通知后，联系司法案件承办人，要求其送达《司法鉴定意见书》《申请认定公民为无/限制民事行为能力书》。指引使用人可以委派社工服务人员等工作人员探望被监护人，询问被监护人意愿，并核实被监护人的身体健康情况、居住生活环境、社会能力程度。

4.5【对行为能力认定的代理人意见范围】指引使用人可以围绕三点内容发表代理人意见：被监护人的近亲属情况、被监护人的身体健康情况、对《司法鉴定意见书》的意见。

4.5.1【对司法鉴定意见的代理人意见】指引使用人对《司法鉴定意见书》发表意见时，可以结合社工服务人员探望情况、被监护人意愿、被监护人身体健康情况。若认为《司法鉴定意见书》记载内容不真实，应当明确向人民法院提出"不同意《司法鉴定意见书》结论"的观点，并提供相应佐证材料予以说明；若认为《司法鉴定意见书》内容无明显瑕疵且无法判断其中法学、精神病理学专业内容，可以向人民法院答复"《司法鉴定意见书》结论由人民法院依法予以审查"。

4.5.2【对监护人人选的代理人意见】申请人在行为能力认定程序中一并提出要求法院指定监护人的申请的，指引使用人可以根据实际情况发表意见。

4.6【出庭发表代理人意见的材料】指引使用人以出庭陈述的形式发表代理人意见的，应当携带如下材料：统一社会信用代码证复印件（加盖公章）、出庭人员授权委托书（加盖公章）、出庭人员身份证原件，以及人民法院要求的其他材料。

4.7【书面发表代理人意见的材料】指引使用人以书面陈述的形式发表代理人意见的，应当提交以下材料：对本指引4.5之内容的书面答复意见（需加盖公章，并附有经办人签字、联系方式）、统一社会信用代码证复印件（加盖公章），以及人民法院要求的其他材料。

4.8【协助被监护人发表意见】被监护人强烈反对申请事项、《司法鉴定意见书》结论，且其身体健康状况允许的，建议指引使用人配合、安排被监护人出庭发表意见；被监护人到庭发表意见的，不免除指引使用人履行代理人发表意见的法定职责。

5. 履行指定监护职能

5.1【适用情景及本节指引使用人的限定范围】在法院作出行为能力认定判决后,依法具有监护资格的人对监护人人选存在争议,并要求指引使用人指定监护人的,适用本节内容。本节指引使用人限定为村民委员会、居民委员会、民政部门,人民法院可以参考使用除 5.2、5.2.1、5.2.2、5.11 外的本节内容。

5.2【必要审查流程】申请人要求指引使用人指定监护人的,指引使用人应当审核是否存在人民法院出具的行为能力认定判决书。若不存在则按照本指引 1.7 第二句内容处理;若存在则应当告知申请人,根据《中华人民共和国民法典》第三十一条第一款之规定,村民委员会、居民委员会、民政部门可以指定监护人,但人民法院的指定具有终局效力,申请人可以直接向人民法院提出申请。

5.2.1【应当受理的情况】申请人坚决要求指引使用人指定的,指引使用人应当受理。

5.2.2【可以出具监护证明的情况】申请人要求指引使用人出具《监护证明》等明确监护人身份的相应材料的,指引使用人应当按照本指引 5.2 之内容审核行为能力认定判决书情况，查明确不存在监护争议的，可以出具《监护证明》。

5.3【申请材料范围】 申请人要求指引使用人指定监护人的，应当向指引使用人提交如下材料：认定被监护人为无/限制民事行为能力判决书、指定监护人申请书（列明申请人身份信息、被监护人身份信息、申请事项、被监护人近亲属情况及监护争议各方情况）。

5.4【被监护人关于监护人人选真实意愿的查明步骤】 指引使用人决定受理指定监护人申请后，应当查明被监护人是否存在关于其监护人安排的真实意愿，并可以通过以下步骤予以查明：

（1）被监护人尚存在表达能力的，应当探望并询问其意见。若被监护人对于其选择能够适当解释说明理由，可以认定为存在真实意愿表达能力；反之，则认定为不存在真实意愿表达能力。当且仅当被监护人存在真实意愿表达能力，且其选择特定人员担任其监护人的意愿明确、不存在歧义的情况下，才可以认定为存在真实意愿。

（2）被监护人在丧失行为能力之前，是否订立意定监护协议。

5.5【候选人违反最有利于被监护人原则的应对方式】 指引使用人在指定监护人时应当尊重被监护人真实意愿，并依据具体情况判断被监护人基于真实意愿挑选的人选是否符合《中华人民共和国民法典》第三十一条第二款规定之"最有利于被监护人的原则"。若不存在以下情况，应当认定为不违反最有利于被监护人原则，并指定该人选担任监护人；若存在以下情况，则认定为不符合最有利于被监护人原则，并分别予以处理：

（1）该人选不具有担任监护人资格的（包括意定监护协议或指定监护遗嘱无效、离婚或亲子关系否认之诉丧失亲属身份等情况），应当在依法具有监护资格的其他人选中按照本指引5.7、5.10之内容予以指定；

（2）该人选既往对被监护人财产管理不规范的，在该人选同意采取针对性的监护监督措施的情况下，可以指定该人选为监护人；

（3）该人选既往挪用、侵占被监护人财产，且依法具有监护资格的其他人选也存在类似情况的，在该人选返还被监护人财产并且同意提存至第三方保管的情况下，可以指定该人选为监护人，若不同意前述监督措施则不应当指定该人选；

（4）该人选既往对被监护人长时间辱骂、殴打、恐吓威胁、虐待、遗弃、限制人身自由及社会交往的，应当不指定该人选，并在依法具有监护资格的其他人选中按照本指引5.7、5.10之内容予以指定；

（5）该人选在当前或将来可预期的司法案件中可能作

为与被监护人对立的诉讼当事人的,在司法案件结束后再指定该人选。

5.6【不得指定共同监护的情况】申请人要求指定共同监护的,若共同监护候选人之间存在利益冲突或者矛盾纠纷,并可能导致监护僵局的,指引使用人应当拒绝指定共同监护。

5.6.1【监护僵局的定义】共同监护人对同一或关联监护事务的意见不统一,无法合作代理被监护人实施法律行为,并不利于被监护人人身及财产利益的状态,即监护僵局。

5.7【近亲属互相推诿不担任监护人的应对方式】被监护人近亲属具备监护能力,但互相推诿不愿意承担监护职责的,建议指引使用人采取以下措施:

(1) 具备监护能力的近亲属并非同一监护顺位的,指定在先顺位的近亲属担任监护人;

(2) 具备监护能力的近亲属既有多名在先顺位近亲属,又有多名在后顺位近亲属的,应当在最先顺位的多名近亲属中,按照经济条件、身心健康状况指定条件最好的一名或两名近亲属担任监护人,但指定共同监护人的,应参考本指引5.6之内容处理。

5.8【近亲属互相推诿不担任监护人的告诫内容】按照本指引5.7之内容指定监护人的,建议告知:"监护是一项法定义务，如果怠于履行监护职责将依法承担法律责任。若作为负有抚养、赡养义务的近亲属，未能妥善照顾被监护人，情节严重的将构成遗弃罪。指引使用人作为《中华人民共和国民法典》规定的当然监护监督机关，将定期探访被监护人，了解监护人履职及照顾情况，若发现存在上述情况将依法向公安机关报案。"

5.9【争夺监护权的应对方式】指引使用人可以要求申请人配合通知所有志愿担任监护人的相关人员，召集相关人员协商讨论，并听取意见。

5.9.1【争夺监护权的协商会议内容】指引使用人可以向相关人员询问如下问题，并要求相关人员提供简要证据予以证明：被监护人是否存在意定监护协议；被监护人父母担任监护人期间是否订立了指定监护遗嘱；要求担任监护人的理由是什么，自身担任监护人的优点有哪些；不同意其他人员担任监护人的理由是什么，其缺点有哪些；其他人员是否侵害被监护人合法权益，或存在与被监护人重大利益冲突的情节。同时可以询问相关人员若担任监护人，将来打算如何照管被监护人人身事务、管理被监护人财产事务；如何避免滥用监护权。

5.10【最有利于被监护人原则的量化评价标准】指引使用人可以结合相关人员的陈述及举证材料进行综合判断，并依据如下表格计算相关人员的优势分数，分数最高者为最有利于被监护人的监护人人选并予以指定。

监护人人选优势分数量化评价标准表

因素	候选人 ×××	分数区间	备注
照料历史		±1	之前及现在由谁主要负责照料被监护人
履职便利		±1	与被监护人居住地距离、反应速度
情感联系		±1	与被监护人情感联系密切程度
居住安排		±1/±2	对被监护人居住场所的安排是否有利于维持被监护人熟悉的生活环境或者其身体健康。若被监护人年纪较大,则该项分数应当加权到±2
其他监护计划		±1	对被监护人其他事务的安排是否符合被监护人失能前的生活规划或生活意愿
监督可行性		±1	陈述的监护监督计划是否可以有效避免监护权滥用
其他			

5.11【指定监护人的形式】指引使用人以出具《监护证明》的方式指定监护人。

6. 履行公职监护职能

6.1【适用情景及本节指引使用人的限定范围】无个人或组织向法院提出行为能力认定申请,且无其他个人或组织有资格担任监护人，指引使用人依法向法院提出行为能力认定申请并要求担任监护人的，适用本节内容。指引使用人作为意定监护协议受托人，委托人丧失或部分丧失行为能力时，可按照本节之内容处理。指引使用人作为指定监护遗嘱受托人，订立遗嘱的委托人死亡的，可以适当参考适用本节之内容。本节指引使用人限定为村民委员会、居民委员会、民政部门。

6.2 【提起申请的条件】本辖区内无个人或组织照顾的老年人、精智障碍者、重度渐冻症患者等弱势群体，不具有维护其合法权益的意思能力，且存在处理法律事务之需求、急需予以保护必要时，指引使用人应当依法承担公职监护职责。

6.3 【提起申请的准备】在向人民法院提起行为能力认定申请之前，建议指引使用人委派工作人员收集整理可以反映被监护人失能情况的病史材料、户籍信息或经常居住信息。

6.4 【流程概要】申请行为能力认定程序的流程依次为：提交材料申请行为能力鉴定及行为能力认定立案、缴纳鉴定费用、等待鉴定机构鉴定、等待立案、与案件承办人员沟通、调查、收取判决书。

6.5 【申请材料范围】指引使用人向人民法院申请行为能力认定程序时，应当提交如下材料：《行为能力鉴定申请书》(立案时可以向人民法院索要空白版本进行填写)、《认定公民为无/限制民事行为能力申请书》(立案时可以向人民法院索要空白版本进行填写)、《送达地址确认书》(立案时可以向人民法院索要空白版本进行填写)、被监护人病史材料、户籍信息或经常居住信息、统一社会信用代码证复印件(加盖公章)、出庭人员委托代理材料(加盖公章)。指引使用人作为意定监护协议受托人、指定监护遗嘱受托人时,应当一并提交意定监护协议或指定监护遗嘱,并于《认定公民为无/限制民事行为能力申请书》上注明委托情况。

6.6【司法鉴定提示事项】建议按照人民法院立案庭工作人员要求填写《行为能力鉴定申请书》相应信息,并标注被监护人实际住所、指引使用人工作人员联系方式。鉴定受理后,鉴定机构将收取鉴定费用,指引使用人可以通过"先行垫付,就任监护人后从被监护人财产中划扣""申请财政援助""申请司法援助"等方式解决。

6.7【行为能力认定申请书的必要内容】《认定公民为无/限制民事行为能力申请书》中申请事项主要包括:申请认定被申请人×××为无/限制民事行为能力人;请求指定指引使用人担任被申请人×××的监护人。在行为能力鉴定报告出具之后再选择勾画"无"或"限制"。申请行为能力认定程序无需向人民法院缴纳诉讼费。

6.7.1【行为能力认定程序与监护人指定程序的关系】部分人民法院可以在同一个案件中处理行为能力认定及监护人指定的事项,部分人民法院则要求按照规定一案一事、分别处理。建议指引使用人咨询人民法院立案庭工作人员并按照要求填写《认定公民为无/限制民事行为能力申请书》中申请事项。人民法院要求分别处理的,为避免潜在风险,在获取行为能力认定判决书后,建议再向人民法院申请指定监护人。

6.8【立案后的流程】材料提交及缴款手续完成后,等待鉴定机构人员联系。在鉴定报告出具后不久,行为能力认定案件正式立案。等待人民法院案件承办人通知,按照对方要求进行配合。若人民法院案件承办人要求到庭发表相应意见,可以围绕被监护人近亲属情况、身体及实际照顾情况、监护必要性等内容发表意见。

6.9【法院指定监护人的形式、监护开始时间】人民法院以判决书形式指定监护人。指定监护人判决书落款之日即为监护开始之日。

第三章 监护的履行

7. 调查情况及接管财产

7.1【适用情景】 人民法院以判决书形式指定指引使用人担任监护人，或者指引使用人作为受托人的意定监护协议、指定监护遗嘱生效且不存在监护争议时，指引使用人作为监护人着手履行监护职责的前期工作。指引使用人履行临时监护职责时，不适用本节内容。

7.2【对被监护人人身情况的调查】 建议监护人就任后立即探望被监护人，查明被监护人是否订立预先医疗指示（生前预嘱），了解其居住环境、健康状况、情感社交需求，评估其护理依赖程度，并记录在《被监护人人身及财产情况一览表》中。

7.3【对被监护人财产情况的调查】 建议监护人就任后立即调查并整理被监护人财产情况,并按照《被监护人人身及财产情况一览表》分类予以固定。

7.4【就任调查与监护监督的衔接】 若设置监护监督,监护人在调查及填表过程中可以通知监督人见证参与。监护人在就任后一个月内应制成《被监护人人身及财产情况一览表》(初次报告)并提交监督人、人民法院。

7.5【一览表的作用】《被监护人人身及财产情况一览表》是为了记录被监护人主要情况,便利第三方快速掌握被监护人静态基本信息而使用的。就任时制作的报告为初次报告,制作时可以在完成一大类统计后即要求相关人员移交对应被监护人财产或财产凭证,也可以在制成初次报告后统一要求相关人员移交被监护人财产或财产凭证。其后只有在发生重大突发事件,或履职时间每满一年需要更新数据之时,才需要填写变更报告。若设置监护监督,监护人在制成变更报告后应当提交监督人。

7.6【调查与接管财产的衔接】 监护人在制作《被监护人人身及财产情况一览表》财产部分的过程中,可以召集被监护人近亲属、照顾被监护人的相关人员,询问被监护人财产基本情况,有权要求其他人员移交被监护人的身份证件、医保卡或社保卡、银行卡、存折、房地产权证等身份证件及财产凭证。

7.7【接管财产的措施】监护人在制作《被监护人人身及财产情况一览表》财产部分的过程中，发现他人占有、管理被监护人财产的，有权要求他人返还被监护人财产，并在接管时填写《财产移交确认单》明确移交人、接管经办人、接管财产类型及具体数额等内容。他人拒绝移交的，指引使用人有权以监护人身份提起诉讼要求返还。但是他人占有、管理被监护人财产是基于依法设置的监护信托、公证提存等情况或被监护人失能前意思表示的除外。

7.8【被监护人自行保管财产的特别记录】被监护人要求自行保管财产，且具备相应智力或精神健康状态的，监护人应当配合并在《被监护人人身及财产情况一览表》右下部分"被监护人财产保管情况"中予以记录。

7.9【设置单独银行账号】监护人接管被监护人现金或银行存款等货币类财产时，除存在本指引7.7第三句情节之外，应当为被监护人设置单独的银行账号，并及时将接管的货币类财产存储至该账号，禁止将银行存款转移至监护人名下或监护人自行保管大额现金。

7.10【一览表填写规范】监护人在填写《被监护人人身及财产情况一览表》时应当据实填写，填报财产部分的（一）至（五）大类时建议调取并复印相应银行流水、余额查询单、护工服务合同、租赁合同、房地产权证等填表佐证材料，必要时可将《被监护人人身及财产情况一览表》与佐证材料复印件合并装订以免脱漏。

7.11【有争议部分另行备注】对于存在争议的动产、不动产、债权债务等财产，可以在《被监护人人身及财产情况一览表》补充填写区注明争议情况，在通过合法途径解决争议、明确财产归属之后根据情况填写变更报告。

7.12【调查亲属情况】监护人在探望时，也可以调查被监护人是否有近亲属或者来往密切的其他亲属。

7.13【履职时间】为避免法律风险，建议监护人在完成《被监护人人身及财产情况一览表》（初次报告）后再全面履行法定监护职责，但存在紧急事由需要立刻行使监护职权以保护被监护人合法权益的除外。

7.14【监护档案】为避免法律风险，建议监护人自完成《被监护人人身及财产情况一览表》（初次报告）后建立监护档案，整理保管被监护人基本信息（可参考本指引1.6第一句）、《被监护人人身及财产情况一览表》及其对应佐证材料、被监护人病史材料档案、《监护台账》及其对应佐证材料以及监护过程中产生的其他法律文件。

8. 法定代理及安全保障

8.1【适用情景】指引使用人按照本指引9、10之内容进行人身照管、财产管理，或代理被监护人提起、参与诉讼，均适用本节内容。

8.2【基本方针】监护人在履行监护职责过程中应当尊重被监护人对具体监护事务的真实意愿。若存在意定监护协议，协议对监护事务的规划及约定即真实意愿。

8.3【被监护人对于监护事务真实意愿的查明步骤】建议监护人采用如下方式查明被监护人关于其自身事务的真实意愿，并记录在《被监护人人身及财产情况一览表》中：

（1）询问被监护人近亲属或与其日常关系密切的人，查明被监护人在丧失行为能力之前，是否订立过书面的生活安排、医疗规划等材料；

（2）被监护人尚具有一定言语能力的，可以直接询问被监护人对于具体法律行为或监护事务的意愿，被监护人在多次询问中能够前后一致地表达内容大致相同的想法，且能够解释理由的，该意愿可以认定为被监护人真实意愿。

8.4【不构成真实意愿的情况】被监护人在较短的时间

内作出的表述前后矛盾，表达反复无常的，不属于真实意愿。

8.5【真实意愿前后不一致的应对方法】 被监护人表达了与在先意愿内容相反的真实意愿时，建议监护人固定相应证据，并且尊重被监护人最新的真实意愿。

8.6【可以不尊重真实意愿的例外情况】 被监护人真实意愿可能导致其死亡或健康状况危殆的，或者导致其重要财产灭失、财产将不敷必要支出的，监护人可以从生活经验及个人良知出发采取必要措施，不执行被监护人意愿内容。但根据法律规定，被监护人有权在丧失行为能力之前通过法定程序作出相应意思表示的除外。

8.7【代理诉讼】 被监护人合法权益遭受损害或危险的，监护人可以代理被监护人提起或参与诉讼，在必要时可以委托律师或基层法律工作者，并从被监护人财产中预支代理费或服务费，在沟通及诉讼过程中应当要求侵权人赔偿代理费或服务费。

8.8【提前解释说明义务】 若监护监督要求监护人在处理重大人身、财产事项时提前向监督人解释说明理由，监护人应书面报告如下内容：代理事项、理由、替代性方案及其缺点，并附理由相应佐证材料。完成报告义务后监护人方可代理相应法律行为，但无需征得监督人同意。

8.9【安全保障职责】 监护人应当采取适当措施，保障被监护人人身安全并避免被监护人实施伤害自身或他人的行为。前句所谓适当措施，除存在医嘱并且无替代方案的情况下，不得侵害被监护人人身自由及人格尊严，同时侵害程度应当与风险危害程度相当。

8.10【风险规划】 为避免潜在法律风险，建议监护人投保监护人侵权责任保险，投保费用可以从被监护人财产中列支。

9. 人身照管

9.1【适用情景】 指引使用人担任监护人时，对被监护人居住、医疗、出行、社交、娱乐等事务履行照管职责，并有必要采取必要措施保障被监护人日常衣、食、卫生所需。

9.2【基本方针】 监护人履行人身照管职责的基本方针为尊重被监护人人格尊严，以生活化视角尽可能地维持被监护人信赖的生活方式，在不违反被监护人意愿的前提下帮助被监护人融入社区与社会生活。

9.3【可以变更被监护人居住条件的例外情况】 未经被监护人清楚、明确的同意，不得改变被监护人居住地点、居住环境、生活习惯。但以下情形除外：

（1）被监护人健康状况存在重大风险，经专业医师建议必须住院或转院治疗的；

（2）被监护人正在实施伤害自身或危害他人安全行为的，或者被监护人存在现实的、紧迫的伤害自身、危害他人安全的危险的；

（3）依法具有监护资格的人一致协商决定，或与监督人协商决定，且改变被监护人居住状况有利于被监护人身体健康的；

（4）被监护人健康处于危殆状态，经专业医师建议采取姑息疗法或者被监护人预先医疗指示明确要求时，顺应当地风俗将被监护人转移至其本人或子女住所的。

9.4【尊重被监护人预先医疗规划】 监护人在替代被监护人实施医疗决策时，应当遵循被监护人在失能前依据法律法规订立的预先医疗指示（生前预嘱）。

9.5【定期体检】 建议监护人定期为被监护人安排就医体检。

9.6【禁止违规用药】 未经专业医师诊断并开具医方，禁止监护人自行决定被监护人服用处方药物或者未经国家药品监督管理局批准的非处方药物。

9.7【保障被监护人人身自由】 监护人不得限制被监护人人身自由，若存在医学上的必要，必须将被监护人长时期安置在精神卫生中心、养老院、护理院等封闭式管理场所的，应当定期安排被监护人外出活动，但被监护人基本丧失行动能力或思维能力的除外。

9.8【社交需求的认定】被监护人在行为能力认定之前两年内持续与其亲戚朋友保持联系，且行为能力认定之后仍存在交流表达能力的，可以推定为被监护人存在社交需求。监护人不得限制被监护人采取聚会、电话、视频、短信等方式与其亲戚朋友联络感情，但联系次数已经影响到被监护人健康恢复的，监护人有权减少联系次数并记录在《监护台账》中。

9.9【不当探访行为的认定】探访人在探访过程中实施如下行为的，监护人在固定相应不当探访行为的证据后，有权决定结束探访并拒绝探访人将来探访：

（1）辱骂、威胁、殴打被监护人，损害被监护人身心健康；

（2）扰乱被监护人所在医疗机构管理秩序；

（3）抢夺被监护人；

（4）诱导、教唆被监护人实施违法行为，处分财产、自行脱离监护等行为。

9.10【无需配合真实意愿的情况】被监护人的社交娱乐需求违反社会公序良俗、法律规定的，监护人有权拒绝支援、辅助、安排。

9.11【监护与照顾的衔接】监护人可以通过聘请专业护理人员等方式保障被监护人衣装需求、冬季供暖、夏季避暑、每日饮食及基本清洁需求。

9.12【人身照管费用的承担】监护人照管被监护人人身事务而产生的合理费用，由被监护人财产负担并列支，被监护人财产不敷的可参照本指引 10.2 内容处理。

10. 财产管理

10.1【基本方针】指引使用人担任监护人并履行财产管理职责时，建议谨慎管理，尽可能地确保被监护人财产安全，以及被监护人财产用于被监护人之所需。

10.2【被监护人无财产或财产不足的应对方法】被监护人无财产或所有财产不敷必要支出的，监护人可采取如下措施：

（1）被监护人的配偶有扶养能力、成年子女有赡养能力的，监护人应当代理被监护人主张扶养费、赡养费；

（2）监护人向社会慈善公益组织、慈善信托等申请援助；

（3）监护人向相关部门申请专项补助、补贴。

10.2.1【禁止列支监护报酬的情况】被监护人无财产

或所有财产不敷必要支出的，或监护报酬支出将显著恶化被监护人财务收支平衡状态的，监护人不得将监护报酬列为财产支出。

10.3【禁止处分的范围】 非为被监护人利益，监护人不得处分被监护人财产。监护人不得实施如下行为：

（1）监护人不得将被监护人财产用于风险性投资；

（2）监护人不得代理被监护人与自己订立借贷合同或形成借贷关系，或不得代理被监护人与自己订立买卖合同，不得依据自己代理而签订的合同处分被监护人财产；

（3）监护人不得以被监护人的名义向自己或自己的配偶、子女、孙子女赠与大额礼金、红包；

（4）监护人不得将被监护人财产借贷给第三人，或者代理被监护人签订担保合同；

（5）监护人不得以被监护人的名义订立遗嘱。

10.4【禁止列支的范围】 以下费用不得列支为被监护人支出：

（1）被监护人的亲属探望被监护人产生的交通费、住宿费；

（2）被监护人系案件被申请人的司法案件、被监护人并非案件当事人的司法案件的诉讼费用。

10.5【禁止挥霍】 监护人不得故意挥霍被监护人财产，不得采取明显超出被监护人经济能力的支出方案。

10.6【禁止放弃利益】 对于被监护人可能获得的拆迁利益、第三人赠与等纯获利益的行为，监护人不得代表被监护人作出拒绝接受的意思表示。

11. 第三人保管财产

11.1【适用情景】 或因监护人管理能力不足，或因监护人客观上存在管理障碍，或存在本指引5.5之（3）情形，或意定监护协议约定由指引使用人以监督人的身份保管财产实现人财分离，而由非监护人的第三人保管被监护人财产的，适用本节内容。

11.1.1【提存公证】 可以利用提存公证制度保管被监护人财产。

11.2【财产的分离保管】 针对具体生活场景，建议指引使用人与包括被监护人、第三人在内的其他主体协商后采用如下方法保管被监护人财产：

（1）被监护人尚具有一定生活自理能力，存在日常消费支出的，可以由被监护人自己占有并管理一小部分钱款，以供被监护人日常生活需求；

（2）监护人直接保管并管理特定金额的医疗保障金，用于被监护人紧急性突发性的医疗需求；

（3）第三人占有并监管被监护人的主要财产，以确保被监护人财产安全。

11.2.1【第三人保管财产部分的用途】指引使用人采用分离保管模式的，建议与第三人书面约定第三人保管财产部分的用途，通常可以包括：监护费用（在有偿监护的情况下）、保管费用（在存在保管费用的情况下）；超出医疗保障金的被监护人医疗用途开销；其他为保障被监护人合法权益的必要合理开销。

11.3【禁止自行处分及例外】除将易变质、易损毁的财产转换为货币财产之外，保管人不得在未得到监护人指示的情况下，自行处分被监护人财产。

11.4【监护支出】应被监护人失能前规划或监护监督机制要求，监护人并未直接管理被监护人财产的，监护人对于日常监护产生的小额支出，可以先行垫付并保留相应支付凭证、使用记录（如购物截图、缴费记录、商品照片等），月底统一向提存人等保管方请款；对于大额支出，可以向保管方解释说明后要求保管方预先给款。

11.5【第三人保管财产与监护人就任调查的衔接】保管人可以参照本指引7.6、7.7、7.9之内容完成接管流程，并与监护人共同完成《被监护人人身及财产情况一览表》（初次报告）。

11.6【请款流程】指引使用人未担任监护人且保管被

监护人财产的，可以与监护人约定请款的形式要求，但不宜过于繁琐。监护人按照约定的形式提出请款申请的，建议指引使用人配合放款、移交财产凭证。监护人要求临时使用财产凭证的，应明确返还时间，返还时建议指引使用人适当验收。

11.6.1【分离保管模式下的请款流程】对于非紧急需求的支出，监护人向第三人请款报告，说明具体用途及支出必要性合理性；第三人在合理时间内予以审核，若具备必要性合理性则予以放款、备案存档。对于紧急需求的支出，监护人使用医疗保障金或者自行垫付，紧急情事处理完毕后再向第三人报告；第三人在合理时间内审核支出真实性及必要性合理性，若审核通过则补足医疗保障金至约定数额或向监护人放款，若审核不通过则书面通知不予认可，要求监护人出资补足医疗保障金至约定数额或告知对处分行为不予放款。

11.7【可以拒绝移交财产的情况】指引使用人是保管人时，监护人要求指引使用人移交被监护人财产的，若意定监护协议约定由指引使用人保管，或者监护人无正当理由且有证据证明监护人存在大额债务、被申请强制执行的，指引使用人可以拒绝移交。

12. 临时监护及临时生活照料

12.1【适用情景及本节指引使用人的限定范围】 在被监护人经法院认定为无/限制民事行为能力人后，因存在监护争议，暂时无法确定监护人人选，由民政部门确定具体临时监护人的，适用本节内容。因存在突发紧急事由，监护人暂时无法履行监护职责，被监护人的生活处于无人照料状态的，指引使用人应当为被监护人安排必要生活照料措施。本节指引使用人限定为村民委员会、居民委员会、民政部门。

12.2【临时监护与指定监护程序的衔接】 人民法院作出认定公民为无/限制民事行为能力判决书并向指引使用人送达后，若判决书未直接指定监护人，同时经核实存在监护争议的，指引使用人可以采取如下措施：

（1）敦促相关人员及时通过协商确认、申请指定的方式确定监护人人选；

（2）相关人员对指引使用人、村民委员会、居民委员会的指定不服，向人民法院提出申请要求指定监护人的，或者直接向人民法院提出申请的，在判决指定监护人之前，指引使用人应当确定具体临时监护人。

12.2.1【指引使用人与法院的交流机制建议】 建议指引使用人与人民法院组建信息交流合作机制,以便利指引使用人把握开始履行临时监护的时间节点:

(1) 在行为能力认定程序中若发现存在监护争议的情况,且该案不宜直接指定监护人的,人民法院可以以送达判决书、发函的形式告知指引使用人;

(2) 因监护人死亡或丧失监护能力需要变更监护人,仍然存在监护争议,相关人员向法院申请要求指定监护人的,人民法院可以以送达申请书、发函的形式告知指引使用人。

12.3【临时监护必要性的认定标准】 若被监护人有法律事务亟待处理,且拖延相应法律事务将有损被监护人身心健康、财产安全或导致被监护人相应损失扩大的,可以认定为存在设置临时监护的必要性。

12.4【启动临时监护的流程】 经审查认为有必要设置临时监护的,指引使用人可以向监护争议相关人员、其他利害关系人送达《临时监护告知书》,明确临时监护人人选及法定代理事项。

12.5【临时监护主体分工】 建议指引使用人制定工作机制,明确划分村民委员会、居民委员会、法律规定的其他组织、民政部门分别在何种情况下实际承担临时监护职责。民政部门也可以指定救助站承担实际临时监护职责。

12.6【临时监护职责】 临时监护人可以参考本指引8、9、10之内容履行职责。

12.7【临时监护下高风险措施】 为避免法律风险，临时监护人不宜决定或变更被监护人居住地点，不宜处分被监护人重大财产。

12.8【必要生活措施的内容】 指引使用人可以参照本指引9.11之内容为被监护人安排必要生活照料措施。

12.9【费用负担及主张】 临时监护期间及安排必要生活照料措施期间产生的相应合理费用，可以在确定监护人之后，再向监护人主张。

13. 填写及报告监护台账

13.1【适用情景】 指引使用人担任监护人并按照本指引8、9、10之内容履行监护职责时，有必要定期填写监护台账予以记录，若设置监护监督，《监护台账》应当定期提交监督人。

13.2【台账的作用】《监护台账》是为了记录单个报告期间内，监护人实施的具体监护措施等动态情况而使用的。单个报告期建议为自然月，监护人、监督人可以书面约定具体报告日期，指定监护的机关也可以征得当事人同意后指定具体报告日期。

13.3【台账与一览表的衔接】单个报告期间内被监护人真实意愿、居住地点、护理依赖程度、疾病严重程度与上一个报告期间内情况相比发生重大变更的，建议填写《被监护人人身及财产情况一览表》（变更报告）。若设置监护监督，在报告时应当一并提交《被监护人人身及财产情况一览表》（变更报告）。

13.4【台账分项的勾选说明】《监护台账》内具体报告事项前均有"□"，若有该情况则在□内画"√"，若无该情况则画"×"。第三大项"三、财产监护"中"总收入""总支出""上期结余""本期结余"为必填项。

13.5【入库的说明】《监护台账》中第三大项"三、财产监护"中"收入"部分的"是否入库"为必填项，若单个报告期间内收入交由《被监护人人身及财产情况一览表》中"被监护人财产保管情况"所记载的银行账号或保管人保管，则为"入库"，反之则为"未入库"。

13.6【支出项来源的说明】《监护台账》中第三大项"三、财产监护"中"支出"部分的"有无票据""支出项来源"为必填项。若不能就支出金额提供佐证票据，应当填写理由。支出项来源须按照表格内说明填写对应数字代码。

13.7【台账填写规范】监护人应当依据相应票据填写

《监护台账》，为避免法律风险，建议将每一报告期间内的票据存根与《监护台账》合并装订并保管归档。

13.8【台账的送达】 监护人可以以邮寄、当面呈交等方式提交《被监护人人身及财产情况一览表》《监护台账》书面报告，也可以以电子邮件、即时通讯工具等方式提交《被监护人人身及财产情况一览表》《监护台账》书面报告的清晰、可完整识别的图片。监护人以邮寄方式提交《被监护人人身及财产情况一览表》《监护台账》书面报告的，建议寄送至监督人书面明确指定的收件地址。

13.9【不构成有效填报的情况】 监护人提交的《被监护人人身及财产情况一览表》《监护台账》书面报告存在严重污损、不清晰，以至于无法辨识内容的，视为未提交《被监护人人身及财产情况一览表》《监护台账》书面报告。

13.10【监督人拒绝接收的应对方法】 监护人按照约定向监督人提交《被监护人人身及财产情况一览表》《监护台账》书面报告，监督人拒绝签收的，建议监护人保留拒绝签收的录像视频、聊天记录、拒收退回等证据，并可以将书面报告及拒绝签收证据一并送至被监护人住所地的村民委员会、居民委员会或者人民法院，并由村民委员会、居民委员会或者人民法院工作人员代为签收，此时视为已于规定期限内履行报告义务。

第四章　监护的监督

14. 监护监督通知

14.1【适用情景及本节指引使用人的限定范围】因存在监护争议、指引使用人作为监督人参与意定监护协议、监护人实际监护能力不足、经法院指定等因素，指引使用人履行监督职责，或社会监护组织担任监护人，指引使用人认为有必要设置监护监督的，适用本节内容。本节指引使用人限定为村民委员会、居民委员会、民政部门、人民法院。

14.2【监督职责开始时间】法院指定指引使用人担任监督人的，自判决书生效之日起履行监督职责。其他情况则以指引使用人向监护人成功送达《监护监督通知》之日为开始履行监督职责之日。

14.2.1【送达监督通知的形式】为避免法律风险，建议采取委托村民委员会、居民委员会当面呈交的方式送达《监护监督通知》。

14.3【监督措施的种类】指引使用人可以依据具体情况为个案定制如下监督措施：监督人定期探访被监护人、监护人定期提交书面履职报告、重大监护事项提前解释说明、监督监护人调查并整理被监护人财产清单、监督人定期审核书面履职报告数据、被监护人财产由第三方提存保管等。除定期探访为必选监督措施外，其余措施可以选择部分或全选。

14.4【监督措施无效的情况】指引使用人认为根据具体情况，有必要设置除本指引14.3列明措施之外的其他监督措施的，不得违反《中华人民共和国民法典》等法律法规对监护人职权之规范，不得为监护权行使设置硬性条件。

14.5【监护通知与监督措施的衔接】指引使用人为个案定制监督措施的，建议在《监护监督通知》中充分告知如下事项：

（1）指引使用人履行监督职责的具体联络人及联系方式、地点，定期上门探访的频率及时间；

（2）设置"监督监护人调查并整理被监护人财产清单"

措施的，可以要求监护人必须在监督人核对重大财产详细数据的情况下，整理被监护人财产清单并制成《被监护人人身及财产情况一览表》（初次报告），《监护监督通知》需明确核对财产清单的时间段、地点；

（3）设置"重大监护事项提前解释说明"措施的，《监护监督通知》须明确重大事项的范围、解释说明的形式；

（4）设置"被监护人财产由第三方提存保管"措施的，若由监督人保管被监护人财产，《监护监督通知》应告知目前保管的财产类型及具体金额或数量、请款的具体方式，其他人占有被监护人财产的，还需通知其移交财产的时间、地点；

（5）设置"被监护人财产由第三方提存保管"措施的，若由除监督人、监护人外的个人或组织保管被监护人财产，《监护监督通知》须敦促保管人于合理时间内告知监督人、监护人目前保管的财产类型及具体金额或数量；

（6）设置"监护人定期提交书面履职报告"措施的，《监护监督通知》须明确收取《被监护人人身及财产情况一览表》《监护台账》的方式、收件信息；

（7）设置"监督人定期审核书面履职报告数据"措施的，《监护监督通知》须明确定期核对佐证材料的频率、时间、地点。

14.6【监督档案的内容】 指引使用人担任监督人的，可以为个案设置监督档案，收纳整理如下材料：指定监护人材料（判决书或村居委、指引使用人的指定材料）、监护人书面履职报告、监护人不当履职记录、监护人瑕疵履职记录等。

15. 定期探访被监护人

15.1【适用情景】 因存在监护争议、指引使用人作为监督人参与意定监护协议、监护人实际监护能力不足、经法院指定等因素，指引使用人履行监督职责的，适用本节内容。

15.2【推诿监护职责与定期探访的衔接】 因依法具有监护资格的近亲属互相推诿，均拒绝履行监护职责的，指引使用人指定其中一人或两人担任监护人的，指引使用人应当定期探访被监护人。

15.3【定期探访的频次】 建议指引使用人与监护人协商确定定期探访的频次，但每季度不宜少于两次。

15.4【民政村居委探访的流程】 民政部门、村民委员会、居民委员会定期探访被监护人时，可以依据《被监护人人身及财产情况一览表》上填写的被监护人居住地点信息直接探访,无需征得监护人事先同意。

15.4.1【其他监督人探访的流程及要求】其他个人或组织担任监督人定期探访被监护人的,建议提前向监护人报备行程,并由监护人安排探访,探访过程不得存在本指引9.9罗列之行为。

15.5【定期探访的查明内容】监督人定期探访被监护人的,建议重点了解被监护人身体情况有无严重恶化、是否存在虐待被监护人的行为、居住情况有无变更、居住环境是否卫生、衣物及床上用品是否干净且符合季节保温要求。被监护人尚具备交流能力的,应当听取其对上述情况的意见并予以记录。情况允许的,监督人可以与被监护人共同就餐一次,了解被监护人平时的餐饮情况。

15.6【住院治疗时特殊查明内容】被监护人在精神卫生中心住院治疗的,监督人应当与负责医师联系,了解被监护人是否有必要继续住院治疗。

15.7【探访结果的应对方式】定期探访过程中发现存在本指引15.5中负面情况的,建议监督人参考本指引17之内容提出改正要求;若被监护人生活陷入危困状态,被监护人病情恶化或者存在高度恶化风险的,或监护人殴打被监护人达到轻微伤以上的,监督人应当按照本指引18之内容向人民法院申请撤销监护人资格。

16. 收取并核对监护人履职报告

16.1【适用情景】 人民法院判决书判决或者意定监护协议约定监护人向监督人（指引使用人）提交书面履职报告的，适用本节内容。

16.2【书面履职报告的基本要求】 监护人负有向监督人提交书面履职报告义务的，应当定期、主动、按时向监督人提交。建议判决书判项或协议明确报告的频率及时间。书面履职报告形式可以采用本指引7中《被监护人人身及财产情况一览表》、本指引13中《监护台账》的形式。

16.3【未按要求报告的应对方式及法律后果】 监护人未能按照生效判决书之要求将书面报告提交监督人的，建议监督人首先催促监护人于合理期限内补充提交，监护人仍然迟延提交、明确表示拒绝提交或者监督人有理由相信监护人不会提交的，监督人可以申请强制执行。监护人有能力履行而拒不履行生效判决书确定的履职报告义务，情节严重的，将依法追究相应的法律责任。

16.4【核对报告及提出异议】 建议监督人收取书面履职报告后，仔细核对报告内容，对存有疑问的部分尽快提出。监护人以当面呈交方式提交报告的，监督人可以在书面报告的"补充说明区"列明存疑的问题、签名,并要求监护人另行以书面形式答复;监护人以邮寄、电子送达方式提交报告的,监督人可以编辑短信列明存疑问题并发送给监护人,并要求监护人另行以书面形式答复。

16.5【台账审核规范】 若监护监督措施要求监护人配合监督人定期审查《监护台账》,建议监督人提前和监护人预约核对时间、地点,监护人应当携带审查周期内的所有《监护台账》及对应的发票、支付凭证、票据存根。以单个报告周期为单位,逐一核对收入、支出项目数字。核对无误后在审查周期内所有《监护台账》上备注"已审核无误",并由监护人、监督人共同签字;若核对存在疑问,可以参照本指引 17 之内容处理。

16.6【一览表审核规范】 若监护监督措施要求监护人配合监督人审查《被监护人人身及财产情况一览表》,建议监督人提前和监护人预约核对时间、地点,监护人须携带表格内所有数据的相应佐证材料,重点审查银行流水、房产证、银行存单、银行卡及账户余额记录、股票账户信息等。建议逐项核对《被监护人人身及财产情况一览表》具体数字。核对无误后在《被监护人人身及财产情况一览表》上备注"已审核无误",并由监护人、监督人共同签字;若核对存在疑问,可以参照本指引 17 之内容处理。

16.7【书面履职报告审查频次】《监护台账》建议每半

年审查一次，《被监护人人身及财产情况一览表》报告时即审查。

17. 敦促监护人改正不当行为

17.1【适用情景】 指引使用人作为监督人，在监督过程中审查发现监护人存在不当、瑕疵履职行为，但是未达到严重侵害被监护人合法权益、危及其生存状态的程度的，适用本节规定。

17.2【不当履职行为的定义及类型】 监护人违反约定或者未履行、未完全履行受监督义务的，可以认定为不当履职行为。包括但不限于以下类型：

（1）未能按照《中华人民共和国民法典》第三十五条第三款之规定尊重被监护人真实意愿的；

（2）违反意定监护协议、指定监护遗嘱及相应委托协议、预先医疗指示上的明确行为指示的；

（3）未能按照监护监督措施要求，履行受监督义务的。

17.3【瑕疵履职行为的定义及类型】 监护人的行为侵害被监护人人身、财产合法利益，但未达危及被监护人生存状态的，可以认定为瑕疵履职行为。包括但不限于以下类型：

（1）医疗机构评估结果认为被鉴定人不需要继续住院治疗并通知监护人的，监护人拒绝办理出院手续，限制被监护人人身自由的；

（2）有证据证明监护人殴打被监护人的；

（3）监护人侵占、违规转移被监护人财产的；

（4）监护人不履行监护职责的；

（5）监护人侵害被监护人人格权益的。

17.4【不当履职行为的应对方式】 监护人存在不当履职行为的，指引使用人可以通知监护人前往村民委员会、居民委员会，对监护人予以批评及提出改正建议，在监督档案中增加一次不当履职行为记录。

17.5【瑕疵履职行为的应对方式】 监护人存在瑕疵履职行为的，建议指引使用人视情况采取"指定期限责令改正并核实""设置新监督措施""向公安机关报案"等办法，在监督档案中增加一次瑕疵履职行为记录。

17.6【限制人身自由的特殊应对】 若存在本指引 17.3 中（1）所列明瑕疵履职行为，建议指引使用人与村民委员会、居民委员会沟通，直接为被监护人办理出院手续。

17.7【不当、瑕疵履职行为与申请撤销监护人资格的衔接】 监督档案中存在"两次瑕疵履职行为记录""两次不当履职行为记录＋一次瑕疵履职行为记录""五次不当履职行为记录"时，指引使用人等监督人应当向人民法院申请撤销监护人的监护资格。监护人系社会监护组织的，主管民政部门可以同时采取行政处罚、将该监护组织列入黑名单等措施。

18. 提起申请撤销监护人资格程序

18.1【适用情景及本节指引使用人的限定范围】 监护人严重侵害被监护人身心健康、合法权益，或怠于履行监护职责，致使被监护人处于危困状态的，指引使用人应当向人民法院申请撤销监护人资格。本节指引使用人限定为依法具有监护资格的人和村民委员会、居民委员会、民政部门等组织（具体范围见《中华人民共和国民法典》第三十六条第二款）。

18.2【应当申请撤销监护人资格的情况】 监护人存在以下行为的，指引使用人应当向人民法院申请撤销监护人资格：

（1）故意杀害被监护人未遂、故意伤害被监护人、强奸被监护人、强迫被监护人卖淫、猥亵被监护人，以及其他针对被监护人实施的刑事犯罪行为；

（2）监护人侵占被监护人重大财产，导致被监护人基本丧失经济来源，无力支付日常支出、医疗费用，或者导致生活质量显著下降至丧失人格尊严；

（3）监护人不履行监护职责，被监护人日常生活无人安排，导致被监护人生命体征不正常，危及生命安全；

（4）存在本指引17.7所列明的情况。

18.3【证据固定规范】 监督人在定期探访、核对监护人履职报告过程中发现监护人加害、恶劣不履职行为的，建议及时保留相应证据，证据以录制视频完整反映加害、恶劣不履职行为全貌为宜，并注意将录制视频的设备妥善保管以备审查。

18.4【其他人员向民政部门、村居委提供线索】 被监护人的其他亲属、朋友向民政部门、村民委员会、居民委员会反映存在本指引18.2列明之情况的，建议指引使用人委托工作人员调查并固定相应证据，查证属实的应当向人民法院提出申请。

18.5【撤销监护人资格申请书的内容】 向人民法院申请撤销监护人资格的，应当提交"撤销监护人资格申请书"，并填写如下内容：申请人信息、被申请人（监护人）信息、被监护人信息、申请事项（撤销监护人资格）、事实和理由。事实和理由简要说明监护人存在的加害、恶劣不履职行为。立案时应当一并提交相应证据材料。

第五章 监护的结束

19. 完成监护资产清算并移交资产

19.1【适用情景】 因被监护人死亡、恢复为完全民事行为能力或其他事由，指引使用人不再担任监护人的，适用本节之内容。

19.2【被监护人死亡的应对流程】 若因被监护人死亡导致监护终止，建议指引使用人按照如下步骤处理：

（1）按照《被监护人基本情况表》上记录的亲属情况，立即通知相关亲属；

（2）若因事态紧急，无其他个人或组织处理被监护人丧葬事宜的，应当从被监护人遗产中支取相应丧葬费用，并留存证据；

（3）填写当月《监护台账》，明确被监护人剩余现金、存款数额；

（4）整理所有监护档案中的书面报告及其相应佐证材料；

（5）联系遗产管理人，并在遗产管理人的参与下复印所有监护档案材料，向遗产管理人提交复印件，封存监护档案，并应遗产管理人要求移交管理的资产；

（6）若指引使用人为遗产管理人，在整理监护档案后直接封存，并按照遗产继承法律规范处理被监护人遗产。

19.3【被监护人恢复行为能力的应对流程】若因被监护人恢复完全民事行为能力导致监护终止，建议指引使用人按照如下步骤处理：

（1）专业医疗机构诊断结果显示被监护人恢复健康的，应当安排对其行为能力进行重新鉴定，若鉴定结果为完全民事行为能力，应当向法院申请恢复公民完全民事行为能力；

（2）法院认定恢复完全民事行为能力的，应当向原被监护人所在地村民委员会、居民委员会、残联等相关组织通报；

（3）原被监护人尚在精神卫生中心等医疗机构住院治疗的，应当协助原被监护人办理出院手续，并且预先为原被监护人安排住所；

（4）立即填写当月《监护台账》，明确原被监护人剩余现金、存款数额；

（5）整理所有监护档案中的书面报告及其相应佐证材料；

（6）联系原被监护人，并在原被监护人的参与下复印所有监护档案材料，向原被监护人提交复印件，封存监护档案；

（7）与原被监护人一起审核监护档案材料，并按照《被监护人人身及财产情况一览表》记载内容，逐类逐项地移交管理资产，并填写《财产移交确认单》。

19.4【变更监护人的应对流程】若因变更监护人等其他事由，指引使用人不再担任监护人，但另有其他个人或组织担任监护人的，建议指引使用人按照如下步骤处理：

（1）立即填写当月《监护台账》，明确被监护人剩余现金、存款数额；

（2）整理所有监护档案中的书面报告及其相应佐证材料；

（3）联系新任监护人，并在新任监护人的参与下复印所有监护档案材料，向新任监护人提交复印件，封存监护档案；

（4）与新任监护人一起审核监护档案材料，并按照《被监护人人身及财产情况一览表》记载内容，逐类逐项地移交管理资产,并填写《财产移交确认单》。

19.5【封存档案规范】封存监护档案的,应当将档案装入档案袋中,并在开口处粘贴封条,确保无法随意取出档案。封条处应当有指引使用人工作人员、其他参与人(遗产管理人、原被监护人、新任监护人)的签字及日期。封存监护档案是为了用于可能的司法诉讼案件。

附录一 文书范本*

1.《被监护人基本情况表》

被监护人基本情况表				
姓名		出生年月		
住所				
联系方式				
成年近亲属情况	亲属	姓名	联系方式	是否亡故、移民
	配偶			
	父母、成年子女			
	祖辈、成年孙辈、成年兄弟姐妹			

---

* 读者可扫描二维码下载使用文书范本。

续表

疾病情况	基础疾病	可能导致危殆情形的疾病	
		其他	
	精智障碍	精神障碍	
		智力障碍	
填写人		保管人	

注：本表格信息为公民个人信息，仅可供办理监护事务使用。应当妥善保管、严密保管。不得任意对外公布，不得违反《中华人民共和国个人信息保护法》之规定处理本表格。

2.《订立意定监护协议风险告知书》

女士或先生：

意定监护是成年人提前规划自己失能后生活，委托信赖的人协助实现自己规划，保障人格尊严的重要法律制度。但意定监护协议订立及生效过程中仍存在一定风险，请您在阅读后审慎考虑是否需要订立意定监护协议。

1. 意定监护协议订立过程中需要支出一定费用，例如鉴定费用、公证费用、协议定制服务费用、材料费用等，若意定监护协议约定了监护报酬，在意定监护协议生效后可能还会产生监护报酬。您应当仔细询问是否存在相应费用及其具体金额。

2. 意定监护协议受托人，可能因死亡、丧失行为能力（个人）或因注销、吊销、实质经营僵局（组织）而无法担任或无法继续担任监护人，最终导致协议无法履行。您应当适当评估受托人的基本情况。

3. 意定监护协议部分条款有可能会被认定无效，例如条款内容违反效力性强制性规范、社会主义核心价值观、公序良俗等。您应当与受托人仔细协商并核对条款内容。

4. 意定监护协议受托人有权在协议生效前随时向人民法院申请解除协议，协议生效后存在正当理由的也有权向人民法院申请解除，所以可能存在协议无法履行的法律风险。您应当做好预备方案。

5. 若存在监护争议，理论上存在法院依据最有利于被监护人原则指定其他有监护资格的人担任监护人的可能性。您应当在协议订立过程中多次、清楚、前后如一地表达您的意愿，并督促委托方在协议订立过程中严格遵守操作指引。

若您已经仔细阅读以上提示内容，请在下方空白处手写"我已仔细阅读全部内容，知悉相应法律风险"并签名。

3.《意定监护协议订立披露书》

×××：

××××年××月××日，委托人×××与本单位于××（地点）订立一份意定监护协议，约定委托人×××将来丧失或部分丧失行为能力后，由本单位担任其监护人。该意定监护协议协商及签订过程均有录音录像予以固定，委托人意思表示真实、明确，本单位亦承诺将严格遵照意定监护协议之约定履行监护职责，切实保障委托人×××合法权益，并期待您的批评、监督。

特此告知。

单位名（盖章）

××××年××月××日

送达信息：

收件人×××（签字）

签收时间 ××××年××月××日

4.《意定监护协议解除告知函》

×××：

本单位于××××年××月××日向你方/你单位送达了一份《意定监护协议订立披露书》，因协议缔约双方协商一致/经人民法院判决解除协议，该协议已经解除，不再发生法律效力。本单位不再作为意定监护协议受托人，亦不再作为×××将来的监护人，不再承担相应法律责任。

谨报。

单位名（盖章）

××××年××月××日

送达信息：

收件人×××（签字）

签收时间 ××××年××月××日

5.《遗嘱指定监护风险告知书》

女士或先生：

　　遗嘱指定监护是《中华人民共和国民法典》规定的，由担任监护人的父母，通过遗嘱形式预先指定其子女将来监护人的法律制度。但遗嘱指定监护制度仍存在一定风险，请您在阅读后审慎考虑是否需要订立指定监护遗嘱。

　　1. 指定监护遗嘱与意定监护协议的法律效力并非完全等同，您虽然可以通过委托协议预先规划您子女将来的生活安排，但该协议可能存在不被采纳的法律风险，同时若您子女在成年之后、失能之前已经订立了意定监护协议，可能存在意定监护协议优先适用的法律风险。建议您慎重考虑相应法律风险。

　　2. 指定监护遗嘱的条件是订立遗嘱人系担任子女监护人的父母，若您出于某些原因不能担任您子女的监护人，遗嘱中指定监护人条款可能存在无效的法律风险。建议您排查是否存在丧失监护资格的相应法律风险，同时请务必确保父母同时订立内容相同的指定监护遗嘱。

　　3. 指定监护遗嘱能否实现，有赖于遗嘱生效后受托人是否愿意担任监护人，法律无法强制受托人必须担任监护人，所以指定监护遗嘱可能存在目的不达的法律风险。建议您慎重考虑相应法律风险。

　　4. 遗嘱指定的受托人，可能因死亡、丧失行为能力

（个人）或因注销、吊销、实质经营僵局（组织）而无法担任或无法继续担任监护人，最终导致遗嘱内容无法实现。您应当适当评估受托人的基本情况。

5. 若存在监护争议，理论上存在法院依据最有利于被监护人原则指定其他有监护资格的人担任监护人的可能性。您应当在指定监护遗嘱中清楚地表达您的意愿，并慎重考虑相应法律风险。

6. 若您已经订立指定监护遗嘱，请勿多次订立内容矛盾的遗嘱。

若您已经仔细阅读以上提示内容，请在下方空白处手写"我已仔细阅读全部内容，知悉相应法律风险"并签名。

6.《指定监护人的自书遗嘱》

立遗嘱人：×××，性别，民族，住址，身份证号码。

被监护人：×××，性别，民族，住址，身份证号码。

立遗嘱人本人系被监护人×××之父/母。被监护人×××业经××人民法院作出（20××）××××民特××号民事判决书认定为无/限制民事行为能力人，立遗嘱人经××单位作出指定监护证明/××人民法院作出（20××）××××民特××号民事判决书指定为监护人。

现立遗嘱人订立遗嘱如下：

立遗嘱人×××死亡后，由××单位作为子女×××的监护人，代理其实施民事法律行为，保护其人身财产及其他合法权益。

立遗嘱人对上述内容清楚，意思清醒真实，知悉上述内容含义及法律后果。

立遗嘱人签字：

××××年××月××日

7.1 《资格赋予同意书（赋予监护资格）》

××人民法院：

兹有申请人×××（性别，××××年××月××日生，民族，身份证号码）要求担任本单位辖区内居民×××（性别，××××年××月××日生，民族，身份证号码）的监护人，因申请人×××欠缺法定资格，故向本单位提出申请。

经审查，申请人×××具备以下条件：

☐申请人系依法注册登记的社会监护组织；

☐居民无其他近亲属，申请人是居民四代以内其他旁系血亲（伯叔舅姑姨、外甥侄女、堂兄弟姐妹、表兄弟姐妹）；

☐由申请人实际照顾居民，并且居民无其他近亲属、近亲属丧失监护能力、近亲属对居民多年不管不顾，或近亲属常年居住国外。

故本单位同意申请人×××作为本单位辖区内居民×××的监护人候选人。本单位辖区内居民×××的监护人最终由人民法院依法指定，本单位尊重依法判决结果。

此致

经办人：（姓名）

联系方式：（电话）   ×××单位

×××年××月××日

7.2 《资格赋予同意书（赋予代理人资格）》

××人民法院：

兹有本单位辖区内居民×××（性别，××××年××月××日生，民族，身份证号码）行为能力认定案件中，申请人×××（性别，××××年××月××日生，民族，身份证号码）向本单位表示目前居民×××欠缺担任代理人的适格近亲属，故申请人×××要求担任居民×××在行为能力认定案件中的程序代理人。

经审查，申请人×××具备以下条件：

□申请人系居民原工作单位部门负责人或者原工作单位推荐的同事；

□申请人系居民的四代以内血亲、近姻亲、朋友，对居民基本情况了解。

故本单位同意申请人×××作为本单位辖区内居民×××在行为能力认定案件中的程序代理人。

此致

经办人：（姓名）

联系方式：（电话） ×××单位

××××年××月××日

8.《监护证明》

兹有本单位辖区内居民×××（性别，××××年××月××日生，民族，身份证号码），业经××人民法院作出（20××）××××民特××号民事判决书认定为无/限制民事行为能力人，且判决书未指定监护人。

经查明，因生效意定监护协议约定/生效指定监护遗嘱指定/依法具有监护资格的人一致书面确认/本单位审查认定，应当由×××（性别，××××年××月××日生，民族，身份证号码）担任居民×××的监护人，故出具本证明。

未经人民法院作出生效判决书指定、确定、变更、撤销监护人并变更本证明指定内容的，本证明具有指定监护人的效力。利害关系人对本证明指定不服的，有权向人民法院申请确定或变更监护人。

特此证明。

经办人：（姓名）

联系方式：（电话） ×××单位

××××年××月××日

9.《被监护人人身及财产情况一览表》

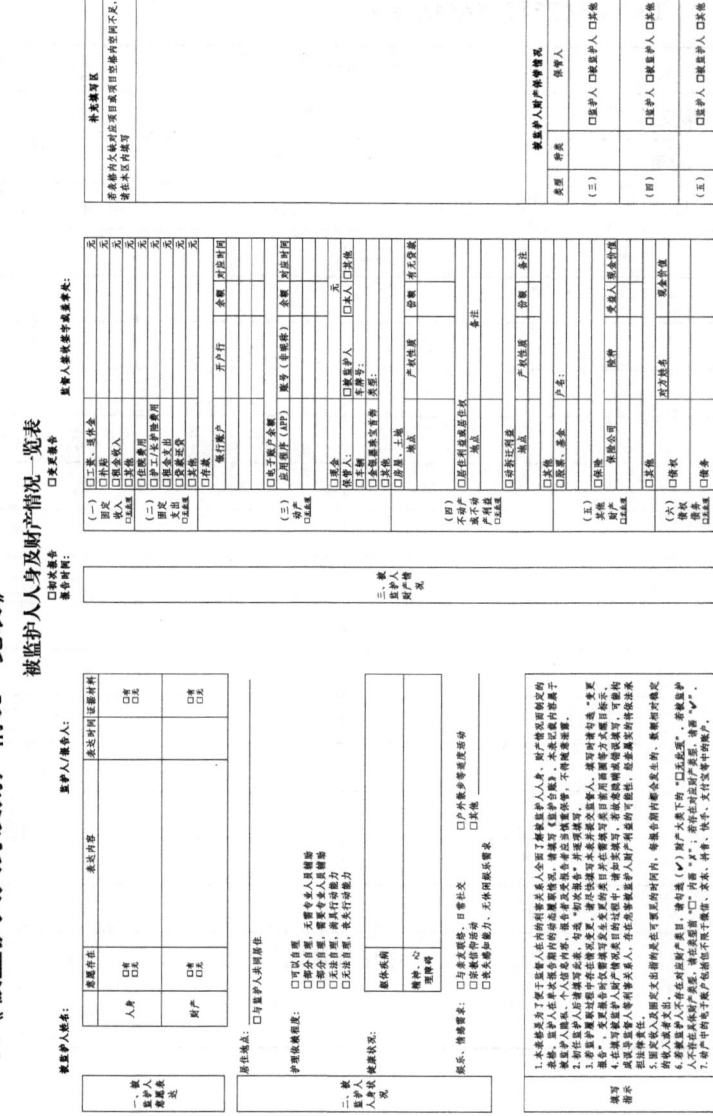

被监护人人身及财产情况一览表

被监护人姓名：　　　　　监护人/义务人：

一、被监护表类	虑否存在	表达内容	表达时间证据材料
人身	□有 □无		
财产	□有 □无		

护理依赖程度：□与监护人共同居住
□可以自理　□部分自理，无需要专人人员辅助
□完全自理，需要专人人员辅助
□无法自理，需其行动能力
□无法自理，丧失行动能力

居住情况：

健康状况：

三、被监护人人身状况：　　　　　残疾疾病
　　　　　　　　　　　　精神、心理障碍

娱乐、情绪喜好：　　　□与亲朋聚、日常交流　□户外散步等进活动
　　　　　　　　□亲朋都都部　　　　　□其他
　　　　　　　　□独卧病在床，无体困能无求

填写提示：
1. 本表是为了充实监护人在对所管系人全面了解监护人人身、财产情况及时更新填定的表格。监护人本人或其他协助监护人的其他监护人员。请填写《监护协议》。未准定其他者基于被监护人本人，个性其人，个性其本的，请实际填写。
2. 初任监护人起始时应填写此表，每年 "财产集中"并续填后表。
3. 若要求解决任职期间也可保持定期补充完成上资表的期及相关机关资料，并续交出当。
4. 监护期间，若此人身财产发生变化未未任监护时时，监护人应定时补充、更改记录。
5. 填定此类人应更正记录在本更及要时向的内实列，每条各项内部必写必表填，参数内部记表录。
6. 若监护人不再承担监护职责，请填选"□无状况"内填"X"，若该时的财产清表，请填"√"。
7. 初产中的电子产品保留不完整的，请与、谦写、支付宝等的账户。

监查人本人签字表填表本：　　　　□如实提供　□支更登记

(一)	工资、退休金			无
固定收入	补助			无
□有 □无	基金收入			无
	其他			无

(二)	工人医护费用			无
固定支出	生活支出			无
□有 □无	房屋支出			无
	其他			无

(三)	银行账户	开户行	金额	对应时间
户产	电子账户	账号（APP）	金额	对应时间
□有 □无	现金	账户（申请人）		
	保险	□被监护人 □其他		
	车辆	车牌号　类型		
	房屋、土地		登记 有无贷款
	其他	地点		

(四) 不动产或限定产权性质 □有 □无	所在权利类型色权	产权性质	备注
	地点		
	动折迁利		

(五) 其他财产 □有 □无	股票	公司	投资	备注
	基金、奉金	保险公司	保险	委员人/损失金值
	其他			

(六)	债权		现金量
	债务		

填表填写：
若表格内容设对应项目或本项空格内容同不足，请在本区内续写

类别	签字	被监护人户籍情况	保护人
(三)		□监护人 □被监护人 □其他	
(四)		□监护人 □被监护人 □其他	
(五)		□监护人 □被监护人 □其他	

10.《财产移交确认单》

财产移交确认单			
移交人		接收人	
时间		地点	
序号	财产名称	数额	备注
签字确认区			

11.《监护台账》

监护台账

被监护人姓名：　　　　　　　　监护人/报告人：　　　　　　　　报告期间：　　　　　　　　监督人签收签字或查复处：

（一）总览表报告项目

被监护人意愿	□变更；□未变更	□变更，并附更新一览表
居住地点	□变更；□未变更	□变更，并附更新一览表
护理依赖程度	□变更；□未变更	□变更，并附更新一览表
精神健康程度	□变更；□未变更	□变更，并附更新一览表
其他日常情况	□变更；□未变更	□变更，并附更新一览表

（二）具体报告项目

一、人身照管

1. 探访被监护人并了解被监护人生活情况：
   □无　□有　次数：　　对应日期：

2. 安排未探访被监护人
   □无　□有

3. 安排被监护人体检并了解被监护人身心健康状况
   □无　□有　次数：　　对应日期：

4. 被监护人在本报告期间内用药情况

代理项目	内容及采取的必要性说明	代理日期	已采告向监督人解释说明
□代理办理大额银行存取款、转账手续			□是 □否
□代理办理房产过户手续			□是 □否
□代理决定法律诉讼			□是 □否
□代理决定医疗方案或未首签字	□有医嘱或医生建议 □被监护人有书面签先医疗指示		□是 □否
□其他			□是 □否

二、重大法律事项

三、财产监护

项目	金额	是否入库	备注	填表说明： "入库"指将该表中收支性收益入被监护人账户或现金，交由出纳委托中记载的保管人保管
□固定收入	元	□是 □否		
□监护前收益性收入	元	□是 □否		
□礼金、慰问金	元	□是 □否		
□储蓄、返还	元	□是 □否		
□子女赡养费	元	□是 □否		
□其他	元	□是 □否		
总收入	元			

项目	金额	有无票据	无票据理由	支出项票据	填表说明： 支出项未要求票据时：1.教育；2.监护人、监护、近亲属费；3.近亲属、社会保险或市政赎领；5.其他。请填写对应数字
□固定支出	元	□有 □无			
□医药费用	元	□有 □无			
□衣物食物	元	□有 □无			
□日常杂费、蔬菜	元	□有 □无			
□日常生活、护理用品	元	□有 □无			
□交通费	元	□有 □无			
□娱乐休闲支出	元	□有 □无			
□水、电、煤、网、物业费	元	□有 □无			
□赠送监督的债务	元	□有 □无			
□其他	元	□有 □无			
总支出	元				

上期结余	本期结余	本行必填
元	元	元

补充说明区

12.《临时监护告知书》

×××单位：

兹有本单位辖区内居民×××（性别，××××年××月××日生，民族，身份证号码），因依法具有监护资格的人对于其监护人人选存在争议，一时无法确定人选。居民×××目前处于无人保护状态，且存在监护保护之必要，故依据《中华人民共和国民法典》第三十一条第三款，由本单位/本单位指定由×××村民委员会、居民委员会担任居民×××的临时监护人。望你单位配合。

临时监护人的权限为：<u>（列明需要处理的具体事项，例如代为办理身份证件、代为办理住院手续）</u>。临时监护期限为××××年××月××日至××××年××月××日。

临时监护期限届满或者指定、确定正式监护人人选的，临时监护自动丧失效力，不再另行通知。未具体列明需代理事项、超出上列代理权限外的其他事项的，临时监护人无相应处置职权，请知悉。

特此说明。

经办人：（姓名）

联系方式：（电话）　　　　　　　　　×××单位

××××年××月××日

13.《监护监督通知》

监护人×××：

成年监护是为了实现被监护人残存意思能力，保护被监护人合法权益，以被监护人合法利益为中心的一项法律制度。为确保监护人利益，立法及司法实践确立的监护监督机制是必不可少的。同时，监护人积极主动履职报告，以透明清晰的方式履职报告，将最有利于被监护人的利益。

根据《中华人民共和国民法典》第三十一条第二款、第三十四条、第三十五条第一款、第三十五条第三款、第三十六条之规定，并参考人民法院案例库 2023-07-2-413-001 参考案例之精神，并基于（20××）××××民特××号民事判决书/经本单位审查，从最有利于被监护人原则出发，确定由×××（单位名全称或者个人姓名、性别、出生年月日）担任成年监护监督人。

本单位同时设置如下监护监督措施，请你在监护履职期间予以配合：

☑1. 监督人定期探访被监护人；

☐2. 重大监护事项提前解释说明；

☐3. 被监护人财产由第三方提存保管；

☐4. 监督监护人调查并整理被监护人财产清单；

☐5. 监护人定期提交书面履职报告；

☐6. 监督人定期审核书面履职报告数据；

☐7. 其他。

具体要求为下列对应数字段落：

1. 监督人将于每月/季/年探访被监护人＿＿＿次，（民政部门、村居委作为监督人的）具体时间安排为＿＿＿＿，联络人为＿＿＿＿/（其他个人或组织担任监督人的）具体时间安排由监护人与监督人自行协商。请监护人务必确保《被监护人人身及财产情况一览表》上被监护人住所信息准确。监护人不得干预或阻挠监督人探访。监督人存在不当探访行为的，监护人有权拒绝。

2. 若存在(例如一次性处分三万元以上财产、代理办理住院手续等具体监护事项)等情况，监护人必须提前＿＿＿个自然日向监督人或监督联络人书面解释说明，存在不可抗力事由无法及时告知的应当在事由结束后两个自然日内告知。书面解释说明内容包括：代理事项、理由、替代性方案及其缺点，并附理由相应佐证材料。完成报告义务后监护人方可代理相应法律行为，但无需征得监督人同意。

3. 请监护人于×××年××月××日前将保管的被监护人财产提存至×××单位/个人（姓名、性别、出生年月日）处，提存保管的财产范围为＿＿＿＿＿＿＿＿＿＿。其他人保管被监护人财产的，请监护人配合保管人接收财产，（民政部门、村居委作为保管人的）财产移交接收地点为＿＿＿＿＿＿，具体时间安排为＿＿＿＿＿＿，联络人为_____，请款要求为_____／（其他个人或组织担任保管人的）具体时间、地点及请款安排由监护人与监督人自行协商。

4. 监护人制作被监护人财产清单时应当通知监督人在场，并携带所有佐证材料（包括但不限于银行存折、银行流水单、账簿）以备核对详细数字。双方存在争议的部分可以另行备注。（民政部门、村居委作为监督人的）核对地点为_____，具体时间安排为_____，联络人为_____／（其他个人或组织担任监督人的）核对时间地点由监护人与监督人自行协商。

5. 监护人应当于每月××日前向监督人主动提交上一月度的《监护台账》，每年××月××日前向监督人主动提交上一年度的《被监护人人身及财产情况一览表》（变更报告）。（民政部门、村居委作为保管人的）提交方式为邮寄/电子送达/当面提交，收件地址为_____／（其他个人或组织担任监督人的）提交方式及收件信息由监护人与监督人自行协商。

6. 监护人书面履职报告应当每半年/每年核对一次，监护人应当携带所有的佐证材料（包括但不限于银行流水单、发票、支付凭证、账簿）以备核对具体数字。（民政部门、村居委作为监督人的）核对地点为_____，具体时间安排为_____，联络人为_____／（其他个人或组织担任监督人的）核对时间地点由监护人与监督人自行协商。

7. 具体要求为_____。

请监护人注意，未能按照本通知要求履行受监督义务的，本单位将按照监护人存在不当履职予以处理，并采取必要法律措施以保障被监护人合法权益。

特此通知。

经办人：（姓名）

联系方式：（电话）　　　　　　　　×××单位

×××年××月××日

附录二　思维导图

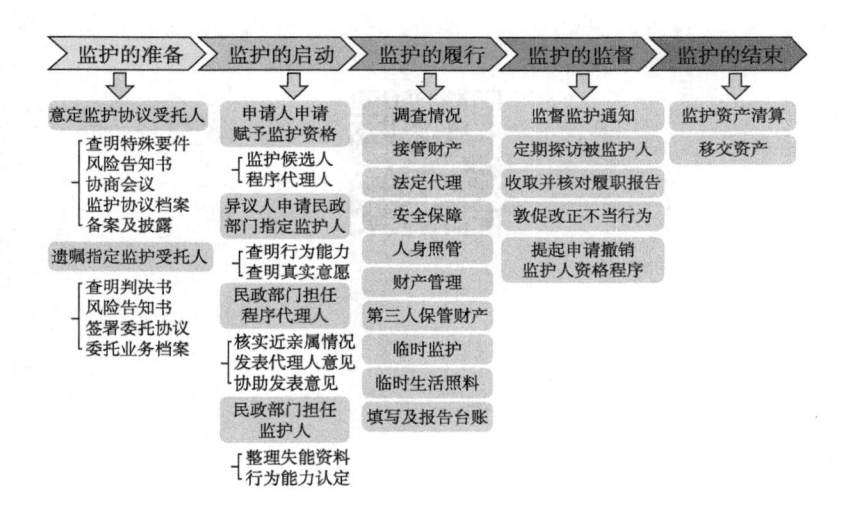

监护的准备	监护的启动	监护的履行	监护的监督	监护的结束
意定监护协议受托人 - 查明特殊要件 - 风险告知书 - 协商会议 - 监护协议档案 - 备案及披露 遗嘱指定监护受托人 - 查明判决书 - 风险告知书 - 签署委托协议 - 委托业务档案	申请人申请赋予监护资格 - 监护候选人 - 程序代理人 异议人申请民政部门指定监护人 - 查明行为能力 - 查明真实意愿 民政部门担任程序代理人 - 核实近亲属情况 - 发表代理人意见 - 协助发表意见 民政部门担任监护人 - 整理失能资料 - 行为能力认定	调查情况 接管财产 法定代理 安全保障 人身照管 财产管理 第三人保管财产 临时监护 临时生活照料 填写及报告台账	监督监护通知 定期探访被监护人 收取并核对履职报告 教促改正不当行为 提起申请撤销监护人资格程序	监护资产清算 移交资产

图1　成年监护制度全流程示意图

成年监护制度操作流程指引

图 2　监护的准备*

图 3　监护的启动

图 4　监护的履行

图 5　监护的监督

图 6　监护的结束

---

* 由于思维导图较大，受页面显示的局限，为了便于读者更清晰地放大查看附录文件，请扫描二维码查看。

附录三　监护常见疑难问题二十问

1. 问：意定监护人是干什么的？可以随便找个人来当吗？

答：意定监护人类似于提前指定您失能后的"生活管家"，当您因年老、意外、生病而生活无法自理之后，意定监护人按照您事先留下的指示协助您管理财产、医疗以及诸如住在哪里的人身事务。

当然不建议随便找个人来当您的意定监护人。我们推荐您从信得过的亲友以及机构中"精挑细选"，挑一个熟悉您基本情况、具有财产管理能力和法律常识、年富力强的人来担任。不过意定监护是"双向奔赴"，不能勉强他人来当。

2. 问：我想让亲生子女当意定监护人，法律允许吗？

答：当然允许。不过有几点问题需要注意：

第一，法律上有监护资格才能当监护人，所以意定监护的一个作用是赋予监护资格，而成年子女本来就具有担任失能父母监护人的资格。

第二，在家庭关系和睦的前提下，要么是可以按照法律规定的顺位来决定监护人，要么是具有监护资格的人协商推举监护人，如果您也信任他们而且对自己将来失能的生活也没有强烈规划意愿，那么也就没有必要非得使用意定监护制度。

第三，只有您对自己将来失能后的生活存在想法，或者因为将来实在没有近亲属挺身而出来照顾您，在此情况下我们才建议您有必要考虑意定监护。而且在您有多名子女的情况下，采用意定监护可能会诱发或者激化家庭矛盾，您也需要妥善处理好家庭关系。

3. 问：如果我想要签意定监护协议，只能和个人签吗？

答：不是的。《中华人民共和国民法典》第三十三条允许和"近亲属、其他愿意担任监护人的个人或者组织"签订意定监护协议，所以也可以和村居委、民政部门、公司、社会监护组织等"组织"签订意定监护协议。但是采用意定监护需要时刻提醒自己挑选监护人的时候千万不能着急，多观察慢决定。

4. 问：可以代理他人去设立意定监护吗？

答：不可以。意定监护是只能给自己用的制度，它是一项用来规划自己将来监护事务的制度，不得代理他人设立，哪怕是"老养残"情况下的父母也是不能为子女设定意定监护协议的。父母作为子女监护人的，可以使用"遗嘱指定监护人+委托协议"的复合机制来规划父母去世后的子女监护事务。

5. 问：签完意定监护协议后，我还有机会换人吗？

答：当然可以。但是请注意有两种情况：（1）如果您精神健康状况良好、脑子清楚，还没有丧失生活自理能力，可以随时要求撤销旧有协议，或者签一份新的意定监护协议来取代旧有协议。（2）如果您因为年老、生病、意外等因素失能失智了，法律规定在"有正当理由"的情况下可以撤销意定监护协议，但是请务必注意条件是比较苛刻的，不能随意更换。

同时，还存在您的意定监护人/意定监护协议受托人突然因为失能失智或者死亡没法儿当您的意定监护人了，那么当然也是会产生"换人"的效果的。为了避免这类情况，我们建议您在意定监护协议中同时列明"备位受托人"，由他们在特殊情况下顶上。

6. 问：找了人当我将来的意定监护人，需要给监护人发工资吗？

答：这不是强制性的。不过如果您愿意给对方"发工资"，我们建议您这么做：

（1）让亲友来当监护人时，可以在意定监护协议里约定每月给予对方适当的监护费用（用于补贴对方的交通费、电话费等合理开销）。但是千万不要直接赠与大额现金或者红包，也千万不要和对方讨论遗嘱安排。

（2）如果您挑选了组织机构来当监护人，那么在签订意定监护协议时要注意明确收费标准，而且要求对方提供发票。

7. 问：残疾证上写的"联系人"就是"监护人"吗？

答：不一定。残疾证上的"联系人"信息栏是为了出现突发情况时可以及时联系身心障碍者（残疾人群）的家属，故主要是为了通讯、联系，不是指定谁当监护人，谁都无法拿着残疾证去办事机构证明"监护人"身份。

8. 问：医院诊断说我的成年子女/配偶是精神病人，那么我就是他/她的监护人吗？

答：不一定。成年的身心障碍者不一定就有监护人，必须先经人民法院认定为非完全民事行为能力人之后，才会有监护人。我们可以打一个比方："经法院认定"是"出生"，"有监护人"是"上小学"。那么一定得是"先出生"才能"上小学"，而且"出生"之后必须得"上小学"。也就是说，只有经法院认定为非完全民事行为能力之后，才会有由谁来当监护人的问题，不然就没有监护人。没有经过法院作出认定，即使确实存在精神障碍，当务之急也还是要先解决"出生"的问题。

9. 问：现在我姐年纪大了，把她儿子托付给我了。作为舅舅，我可以直接当外甥的监护人吗？

答：不一定，需要看有没有监护资格。在民间看来，叔侄、舅甥是特别亲的亲戚，但是在我国民法上以下这些人才是近亲属并具有法定监护资格：配偶、父母、子女、祖父母、外祖父母、孙子女、外孙子女、兄弟姐妹。

如果近亲属之外的其他人要当监护人，需要通过三种方法解决没有监护资格的问题：（1）被监护人在失能前签订的意定监护协议赋予资格；（2）父母作为子女监护人，通过遗嘱指定监护人赋予资格，并且遗嘱已经生效；（3）被监护人住所地村居委、民政部门同意赋予资格。只有通过上述三种办法获得监护资格之后，才能当监护人。

10. 问：我不是精神病人的亲戚，只是他/她住所地村居委、民政部门工作人员/本来打算和他/她签合同的人/打官司中的对方当事人，可以向法院申请认定他/她的行为能力吗？

答：可以。只要是与他/她（疑似行为能力残缺的人）存在利害关系的个人，或者是村居委、学校、医疗机构、妇女联合会、残疾人联合会、依法设立的老年人组织、民政部门等机构，都可以向法院提出行为能力认定程序的申请。实际上《中华人民共和国民法典》对于提起该项程序的主体规定是比较宽泛的。

11. 问：如果我想申请认定某人是非完全民事行为能力人，我需要向哪家机关提出申请呢？

答：通常情况下，是向他/她（疑似行为能力残缺的人）户籍所在地的基层人民法院提出申请；如果他/她到户籍所在地以外的地方常住时间超过一年，可以向经常居住地的基层人民法院提出申请，但因为住院而常住的则不算经常居住地。

12. 问：提起行为能力认定程序，需要交什么材料、交多少诉讼费呢？

答：需要提交如下材料：（1）请求认定×××为无/限制民事行为能力申请书；（2）×××行为能力司法鉴定意

见书，或者请求鉴定×××民事行为能力申请书；（3）被申请人户籍信息或经常居住地信息；（4）被申请人身份证复印件；（5）申请人身份证复印件；（6）申请人与被申请人身份关系证明材料（户口簿可证明近亲属关系；村居委、工作单位情况说明可证明亲属或社会关系；意定监护协议、指定监护遗嘱可证明利害关系）；（7）被申请人病史材料（住院病史材料、门急诊自管病历均可）。

请注意原则上必须要有行为能力司法鉴定意见书，没有近期的鉴定报告的话可以申请法院委托鉴定，此时需要向鉴定机构缴纳鉴定费用（各地存在差异）；但是有近期的行为能力鉴定报告的话，可以直接作为立案材料提交，一般不需要重复鉴定。

行为能力认定程序及监护权纠纷程序都是不需要缴纳诉讼费的。

13. 问：提起行为能力认定程序的时候可以同时申请法院指定监护人吗？

答：可以。但是因存在监护争议、其他依法具有监护资格的人无法取得联系等因素，部分法院可能不会在行为能力认定程序中一并指定监护人，甚至不会同意在行为能力认定案件中受理监护人指定申请，但是当事人还是可以提出这项申请。

14. 问：如果我向法院申请要当监护人，可以不提供其他亲戚的联系方式来实现目的吗？

答：不可以。一方面，担任监护人是法律上的身份权，故意隐瞒被监护人近亲属情况，不仅误导审理人员、影响案件公正审理，也侵害了他人身份权；另一方面，从所有具有监护资格的人中挑选最适合的监护人，将最大限度地保护被监护人合法权益，所以刻意隐瞒对被监护人来说也是一种伤害。比如，即使夫妻离婚后，对方对子女不管不顾，现在为了确定子女监护人的事情，也要将对方联系方式提供给人民法院。

15. 问：村民委员会、居民委员会可以出具《监护证明》吗？

答：不一定可以。如果未经人民法院作出行为能力认定，村居委不能出具《监护证明》，即使出具了也不产生指定监护人的法律效力。同时，如果对村居委指定结果不满，可以向人民法院要求确定监护人，人民法院民事判决确定、指定的监护人是最终的、合法的监护人。

16. 问：我的监护顺位在前，那么就一定是由我来当监护人吗？

答：不一定。经人民法院作出认定行为能力的民事判决后，在没有监护争议的情况下，就是按照顺位来确定监护人人选。但如果存在监护争议并且向村居委、民政部门、人民法院申请指定监护人，那么上述机关主要是从"被监护人真实意愿（想要谁当）""最有利于被监护人原则（谁当最好）"两方面来指定监护人的，不需要严格依据监护顺位。

17. 问：如果我没当上父母/子女的监护人，是不是他/她的事情就全部由监护人负责，完全和我无关了？

答：不是的。父母子女之间、夫妻之间具有法定的赡养、抚养、扶养及互相救助、保护的义务，不因是否当监护人而发生改变。假如被监护人需要赡养，那么哪怕没有当监护人，一样需要尽到作为父母/子女的物质及精神赡养义务。

18. 问：我当监护人了，但是与其他亲友有矛盾，我可以禁止亲友来探望被监护人吗？

答：通常不可以。监护人履行监护职责应当以被监护人利益为核心，如果被监护人自己希望和其他亲友联系，而且健康状况也允许的话，作为监护人是不可以禁止亲友来探望被监护人的。但是如果其他亲友在探望被监护人过程中存在伤害被监护人身心健康，不利于被监护人健康恢复的情况，在固定、保留证据的前提下，可以立即中止其他亲友的探望并有权拒绝该亲友短时间内再次探望。

19. 问：和我有矛盾的亲戚当了监护人，他/她把钱偷偷转走或者随便乱花了，最后影响到我的继承利益怎么办？

答：首先，监护制度主要是为被监护人服务的，评价监护人做得好还是不好，要看监护人是否维护了被监护人合法权益，确保了被监护人健康。如果监护人做好了分内工作也没有违法行为，即使钱用得多了一点，将来作为"遗产"的财产缩水了一点，也是无可厚非、理所应当、物尽其用的，需要大家端正认识和态度。

其次，监护人履职的过程可以通过定期履职报告的形式来监督，避免存在滥用监护权的行为。我国司法实践中存在判决监护人履职报告的监督制度，且该案件已纳入人民法院案例库。

最后，如果监护人没有做好分内工作危及被监护人身心健康，或者存在严重侵害被监护人合法权益的行为，建议固定、保留证据，并向监护人户籍所在地或者经常居住地所在的基层人民法院提出"申请撤销监护人资格"的程序，以及时保障被监护人合法权益。

20. 问：由谁来当监督人呢，我找不到人来当怎么办？

答：首先，在我国民法上，不管是法定监护、意定监护还是遗嘱指定监护，都有法定的监督人，不需要您特地去求人。法定的监督人包括：其他依法具有监护资格的人、居民委员会、村民委员会、学校、医疗机构、妇女联合会、残疾人联合会、未成年人保护组织、依法设立的老年人组织、民政部门等。

其次，如果您用了意定监护，我们建议您找您信得过的亲友、社会监护组织、律师、公证处来当监督人，邀请他们在意定监护协议上作为监督人签字。

最后，您如果担心出现财产风险，也可以通过公证提存、设置信托的方式实现"人财分离"，也就是监护人实际上不直接控制或者管理您的财产，只专门负责安排您的医疗和人身事务。